Gebrauchsanweisung für Neuseeland

Joscha Remus

Gebrauchsanweisung für Neuseeland

Piper München Zürich

Mehr über unsere Autoren und Bücher:
www.piper.de

Dank an den marixverlag für die Genehmigung des Textabdrucks aus James Cooks »Entdeckungsfahrten im Pazifik« (© 2005 by Edition Erdmann GmbH, Lenningen) auf S. 192 und an den Heyne Verlag für die Genehmigung des Textabdrucks aus Douglas Adams und Mark Carwadine: »Die Letzten ihrer Art« (Übersetzung von Sven Böttcher; © 1992 Wilhelm Heyne Verlag, München, in der Verlagsgruppe Random House GmbH) auf S. 66.

ISBN 978-3-492-27620-7
5. Auflage 2014

Redaktion: Matthias Teiting, Duisburg
Karte: cartomedia, Karlsruhe
Satz: le-tex publishing services GmbH, Leipzig
FSC-Papier: Munken Premium von Arctic Paper
Munkedals AB, Schweden
Druck und Bindung: CPI books GmbH, Leck
Printed in Germany

Für Otto Julius Remus,
der Neuseeland gern gesehen hätte

Inhalt

Paihia
Kawakawa
Waipoua Kauri Forest
Golf von Hauraki
Coromandel-Halbinsel
NORDINSEL
Auckland
Waiheke Island
White Island
WAIKATO
Ngaruawahia
Tauranga
Hamilton
Opotiki
Rotorua
Whakatane
Lake Ngakoro
Mount Tarawera
Tongariro National Park
Taupo
Gisborne
Mount Taranaki
Mount Ruapehu
Taihape
Waipukurau
Tasmanische See
NELSON
Botanical Hill
Nelson
WELLINGTON
MARLBOROUGH
Pororari River
Kaikoura
Hokitika
Wanganui River
Franz-Josef-Gletscher
Rakaia River
Christchurch
3.764 m Mount Cook
Akaroa
Shotover River
Geraldine
SÜDINSEL
Milford Sound
Waitaki River
Mitre Peak
Queenstown
Lake Wakatipu
Pazifischer Ozean
Taiaroa Head
Mavora Lakes
OTAGO
Otago-Halbinsel
SOUTHLAND
Dunedin
Invercargill

Godzone oder von der Schwierigkeit des Schwärmens

New Zealand at its best: Ich liege in einem von Thermalquellen erwärmten Wasserbecken, hoch oben nahe der *Welcome-Flat-Hut* auf der neuseeländischen Südinsel. Von meiner Holzhütte sind es bis zu den *Hot Pools* nur ein paar Schritte durch den Dschungel, über einen schmalen Pfad, eine Art naturgegebener Fußbodenheizung. Vor mir eine in irisierendes Licht gehüllte, schneebedeckte alpine Bergkulisse mit Dreitausenderkette. Im Südlicht glänzen die Pflanzen um das Thermalbecken in beinahe unnatürlich satten Farben. An meinen Beinen und meinem Rücken perlen kleine Kohlesäurebläschen hoch, die mir, als läge ich in einem Champagnerbad, eine zärtliche Rückenmassage verpassen. Ich entspanne mich im warmen Wasser, umgeben von Riesenfarnen und wilden Orchideen, und schlürfe eisgekühlten Feijoa-Saft. Zwei kleine, freundlich turtelnde *Robins* sitzen auf einem Ast und wärmen ihr Gefieder im aufsteigenden Wasserdampf der Thermalquelle. Einige neugierige Kea-Vögel kommen an den Pool. Einer von ihnen hat eine zum Trocknen ausgelegte Wandersocke von der

Veranda der nahen Hütte gestohlen, um sie zum Nestbau zu verwenden. Das Himmelsgewölbe über mir glänzt endlos *lightskyblue*. Ein lichtes Blau, das mich seit Tagen in Euphorie versetzt.

God's own Country, nennen die Neuseeländer ihr Land, oder auch schlicht und verkürzt *Godzone*. Viele Kiwis sagen, Neuseeland sei nichts anderes als die Steigerung alles Wilden: wild, wilder, wilderness. Dabei sind von den ehemals flächendeckenden Wäldern nur noch ganze 25 Prozent erhalten geblieben, weshalb sich nun die Frage auftut, ob ich von Neuseeland einfach so schwärmen darf, so hemmungslos, wie ich das hier eben getan habe?

Von einem meiner anderen Lieblingsorte, von Istanbul nämlich, kann und darf ich ganz ohne Probleme schwärmen. Im Schreiben, im Erzählen, in Bildern, niemand stört sich daran. Auch anderen Autoren fällt es leicht, wahre Lobeshymnen auf Istanbul zu singen, selbst wenn ab und an eine Dunstglocke aus Abgasen über der Stadt hängt – die verzieht sich ja wieder, und dann verschmelzen am nächsten Tag beim Blick von der Galatabrücke die Bäume und Minarette, die Moscheen und Hügel miteinander und erscheinen im Kontrast zur untergehenden Sonne als rot illuminierter orientalischer Scherenschnitt. Die in Flammen gesetzte Begrenzung einer unglaublichen Stadt. Ich sitze mit dem Schriftsteller Feridun Zaimoğlu zwischen seinen Gartenzwergen in seiner Kieler Wohnung. Wir fluchen und schimpfen wie die Weltmeister über die politische Verlogenheit und Feigheit überall, aber irgendwann ist es uns eine doppelte Freude, über Istanbul zu schwärmen. Einfach hemmungslos zu schwärmen. Zwei Romantiker, denen es völlig egal ist, wenn vor lauter Schwärmen gewissermaßen das Rosenöl aus ihren Worten auf den Teppich tropft. Rechtfertigen können wir die Hymnen auf Istanbul immer mit unserem leichten Hang zur orientalischen Lebensart und deren Tendenz zur charmanten Übertreibung.

Schwärmt man aber von Neuseeland, macht sich, insbesondere bei Menschen, die dieses Land gut kennen, schnell eine eigenartige Unruhe breit. Nicht nur, dass einem die Bilder allzu schnell ins Kitschige und Klischeehafte abzugleiten drohen. Vieles scheint übertrieben und unglaubwürdig. Selbst eingefleischte Neuseeländer rümpfen die Nase, wenn sie ein Hochglanzbild der Fjordlandschaft des Milford Sound sehen, mit dem unwirklich pyramidenartig aus dem kristallklaren Wasser wachsenden Zauberberg namens Mitre Peak. Von einem Weltwunder, wie es das staatliche Touristikamt tut, wagt kaum ein junger Neuseeländer zu sprechen, da man weiß, dieser Anblick ist, aufgrund von stetem Dunst über dem Fjord, an höchstens fünfzig Tagen im Jahr zu haben.

Deutsche Neuseelandautoren kleben bereits Warnhinweise vorn aufs Cover ihrer Bücher: »Fast ohne öde Landschaftsbeschreibungen«, heißt es da. Andere warnen eindringlich vor dem leichtfertigen Gebrauch des Wortes Paradies. Verständlich, denn die inflationäre Beschreibung Neuseelands als paradiesisch schreit regelrecht nach einem realistischen Korrektiv, in dem dann die häusliche Gewalt und die Erdbebengefahr nicht fehlen dürften. Und spätestens seit die kitschigen Neuseelandklischees auch in deutsche Wohnzimmer schwappen, wenn nämlich das Fernsehtraumschiff Neuseeland entdeckt und zu seichten Südseeklängen pittoresk vor eine prächtige Südalpengletscher-Fjord-Kulisse gleitet – kleines Lämmlein im Arm einer Schauspielerin darf nicht fehlen –, möchte man die pathetische Beschreibung der Natur sofort einstellen. Zu viel des Schönen, Wahren, Guten. »Das schönste Ende der Welt«, »Das letzte Paradies«, »Gottes eigenes Land«. Frage: Wirken die Urlaubsbilder der heimkehrenden Neuseelandreisenden nicht meist wie nachträglich mit Photoshop bearbeitet und aufgepeppt?

Ich selbst brauche immer wieder den Abstand zu Neuseeland. Nicht etwa, weil dieses Land mich mit seiner Schönheit erschlagen würde, sondern weil ich mir die Sehnsucht erhalten und mir mein Schwärmen bewahren möchte. Es gibt viele gute Wohlfühlgründe, um ans andere Ende der Welt zu reisen. Neuseeland ist ein Land, in dem es für manche Kinder völlig normal ist, mit einer Horde wilder Delfine im Wasser zu spielen oder in der Schule zwischen Kursen wie Unterwasserpolo und Drachenbootrennen wählen zu können. Ich zumindest hätte mir so etwas als Kind gewünscht. Jedes Buch über Neuseeland ist immer auch ein Buch über unsere Sehnsüchte, unsere geheimen fernen Wünsche, unsere innere Flucht vor dem Alltäglichen. Neuseeland scheint mit seiner atemberaubenden, aber eben auch sehr fremdartigen Naturkulisse wie geschaffen für diese Projektionen. Wer dieses Land jedoch mit etwas Abstand betrachtet, wird wesentlich mehr entdecken.

Wie leicht könnte einem Neuseeland zu einem reinen Kuriositätenkabinett geraten, mit all seinen seltsamen Käuzen, ungewöhnlichen Menschen, schrägen Vögeln, mit all den Gestrandeten, Außenseitern und raubeinigen Gestalten. Was soll man halten von einem Land, in dem neun Monate nach einem gewonnenen Rugbyländerspiel die Geburtenrate sprunghaft steigt und nach einem verlorenen Rugbyspiel die Börse abstürzt? In dem Sportarten erfunden werden wie *Golf Cross*, eine Mischung aus Golf und Rugby? In dem es tätowierte Weihnachtsmänner gibt und wo sich die Leute vor lauter Höflichkeit entschuldigen, wenn man sie aus Versehen anrempelt?

Die Diskrepanz zwischen den schönen Abziehbildern Neuseelands, dieser kitschigen Fototapete mit Bergkulisse vor Palmen mit Schaf, und der insbesondere für die indigene Bevölkerung, die Māori, nicht immer ganz so lieblichen Realität hat der Regisseur Lee Tamahori in der Eröffnungssequenz seines Films »Once were warriors« eingefangen. Die Kamera weilt auf einer schneebedeckten Berglandschaft, einer bukolischen, farbenfrohen Traumkulisse, wie wir sie von zahlreichen Bildern des Landes schon kennen. Dann schwenkt die Kamera nach links auf eine viel befahrene, mehrspurige Autobahntrasse und auf die Māori, die unter dieser Trasse hausen. Das wunderbare Neuseelandbild, das wir zu Beginn des Films gesehen haben, entpuppt sich als ein riesiges Werbeplakat für die Naturschönheiten Neuseelands, das neben der grauen Autobahn steht.

Ich möchte mir das Schwärmen nicht nehmen lassen, auch wenn ich weiß, dass Neuseeland einige Seiten hat, die weit entfernt vom Ideal des öko-grünen Paradieses sind. Aber zu vieles hier ist tatsächlich wunderschön – für mich immer wieder beeindruckend zum Beispiel ist das neuseeländische Licht. Steht man auf der Südinsel auf einem Berg und schaut in die Ferne, so muss einem dieses besondere Leuchten auffallen, das durch eine völlig klare Luft auf die Erde und Pflanzen, auf die Seen und Gletscher fällt. Längst haben Fotografen und Filmemacher dieses besondere Licht entdeckt und schwärmen von der Weite, die es in seinem Dialog mit der Landschaft erschafft. Als die europäischen Maler, die im 18. Jahrhundert nach Neuseeland kamen und die dortige Landschaft festzuhalten versuchten, mit ihren Gemälden nach England und Schottland zurückkehrten, glaubte ihnen niemand, dass es in Neuseeland, am anderen Ende der Welt, ein derart unglaubliches Licht geben könnte. Im staubbedeckten Europa, auf der fernen Nordhalbkugel, zur Zeit der tiefsten Industrialisierung konnte sich niemand ein solches Leuchten auch nur vorstellen. Die Luft über Neuseeland ist weitgehend staubfrei, weil es keine großen

Industrien im Land gibt und die Meereswinde den wenigen Staub sofort wieder hinaus auf den Pazifik oder die Tasmanische See tragen. Auch heute sind die Bilder der ersten britischen Maler noch Grund genug, dem Licht Neuseelands nachzufolgen und seinen Glanz zu erforschen. Und natürlich darf man schwärmen von dieser Landschaft, ihrem Licht und der unglaublichen Luft, die so klar ist, dass einem selbst ein dreihundert Kilometer entfernter Mount Cook zum Greifen nah erscheint. Eine Luft, die so klar ist, dass es im Mackenzie-Becken im Zentrum der Südinsel Neuseelands seit Juni 2012 sogar einen internationalen Naturschutzpark für den Sternenhimmel gibt. Ein geschützter Himmelspark für Astrofans und Sternengucker: Auch das ist Neuseeland.

(Tipp: Besuchen Sie das Mount John University Observatory unweit des Lake Tehapo, und genießen Sie die sternenklaren Nächte und den Ausblick auf Abermillionen von funkelnden Sternen.)

Tierischer Empfang

Nach einem langen Flug aus dunklen deutschen Winternächten zeigt mir Neuseeland sein freundliches Gesicht in Form einer feuchten Hundeschnauze. Was gibt es Schöneres, als am Flughafen von Auckland, der Eingangstür zu meinem zweiten Zuhause, standesgemäß von einem fröhlichen Hund begrüßt zu werden? Viele Besucher werden die Beagles, die an neuseeländischen Airports ihre Dienste tun, nicht sonderlich beachten. Wer aus Europa kommt, hat einen mehr als zwanzigstündigen Flug hinter sich und womöglich andere Dinge im Kopf als ausgerechnet Hunde. Mich jedoch erinnert der Empfang der sogenannten *Bio-Security Dogs* an die Begrüßungsrituale, die es früher, in meiner Kindheit, bei mir zu Hause gegeben hat.

Benjamin, genannt Benny, der kleinste Welpe in einem unerwarteten Wurf einer verrückten Promenadenmischung von Hundemutter, die meine Eltern aus dem Hafen von Tarragona mitgebracht hatten, war immer der Erste, der mich herzlich an der Haustür begrüßte. Natürlich hatten wir in meinem früheren Eifelleben auch Schafe: Berry und

Lämmy, die beiden vierbeinigen Rasenmäher auf der Wiese hinter unserem Haus, haben mich sozusagen schon frühzeitig auf mein späteres Dasein als Neuseelandfan vorbereitet. Und da ich all diese Tiere hemmungslos mit meiner Kinderliebe überschüttet habe, darf es nicht verwundern, wenn ich es zu schätzen weiß, auch an meiner neuseeländischen »Haustür« von Hunden empfangen zu werden.

Eine derartige Begrüßung zum Beispiel erwartet mich gleich hinter dem Gate in Auckland, wo ich sofort auch die schönen Māori-Schnitzereien wiedererkenne und die kaum vernehmbare Begrüßungsmusik der Māori, die *Whaiata*, die ganz leise aus den Flughafenlautsprechern erklingt. Wäre man prominent und hieße Prinz Harry von Wales oder David Beckham, hätte man in Neuseeland, bevor man von den Hunden empfangen wird, übrigens noch ein Anrecht auf einen offiziellen *Pōwhiri*, eine herzliche und stimmgewaltige Māori-Begrüßung mit allem Drum und Dran inklusive Nasenküssen. Als Normalsterblicher schreitet man ungeküsst voran und sieht auf einem warnenden Plakat in der Empfangshalle des Flughafens, worauf es die kleinen neuseeländischen vierbeinigen Freunde abgesehen haben. Das Bild zeigt die Röntgenaufnahme einer Familie mit Gepäck, und auf der ansonsten schwarz-weißen Aufnahme leuchten allein ein Apfel, eine Orange, eine Banane und der warnende Spruch in grellen Farben:

Last point before we get you.

Die letzte Chance, einen angebissenen Apfel noch auf der Toilette verschwinden zu lassen, bevor die Kontrolle der Bio-Security einen erwischt. Neuseeland muss dringend vor der Einreise unerwünschter Gäste geschützt werden, da bereits kleinste Sporen, Fruchtfliegen oder Motten die endogenen Pflanzen und Tiere des Landes nachhaltig schädigen könnten.

Im Jahr 2009 zum Beispiel kam es durch eingeschleppte Larveneier der *Asian Gypsie Moth* zu einem fürchterlichen Mottenbefall auf der Nordinsel, was nicht rechtzeitig entdeckt wurde und seinerzeit ganz Auckland monatelang in Atem hielt. In den letzten Jahren kämpften die Hunde von der Bio-Sicherheit vor allem gegen Fruchtfliegen. Das empfindliche ökologische Gleichgewicht der Arche Neuseeland, die wie zwei große Stücke Treibholz in der Südsee schwimmt, ist auf die sensiblen Detektornasen der Beagles angewiesen. Die kastanienbraune, dreijährige Hündin Zeta ist der Star des *Detector Dog Team* am Flughafen von Auckland. Zetas hoch spezialisierte Nase findet alles, vom kleinen Pflanzenrest, der in Form einer vertrockneten Rose ins Land möchte, über Fisch und Fleisch bis hin zu Gemüse und Eiern. Beim Geruch von Knoblauch schlägt Zetas Hundeherz besonders schnell, denn Knoblauch ist ihr Lieblingsgeruch. So steht es auf Zetas eigener Businesscard.

Auch auf den anderen internationalen Flughäfen von Neuseeland gibt es Hunde, die den Reisenden bei seiner Ankunft mit der Nase abscannen. In Christchurch zum Beispiel verrichten Zane und Jet ihre Dienste, indem sie als vierbeinige Spione im Dienste ihrer Majestät chinesische Hühnerreste oder unverpackte spanische Tortillachips entdecken und damit ganz Neuseeland vor dem biologischen Super-GAU retten. Anders als aktive Zollhunde, die hinter den Kulissen Koffer beschnüffeln und bei Erfolg auch bellen, scharren oder knurren dürfen, werden sämtliche Hunde von der Bio-Security zu passiv reagierenden Hunden ausgebildet. Das heißt, wenn sie einen Nahrungs- oder Pflanzenrest erschnüffeln, setzen sie sich einfach brav neben den Koffer und warten auf ihre Belohnung in Form eines kleinen Hundebiscuits.

Ich habe mich immer gefragt, wie diese Hunde Obstsorten oder Pilze erschnüffeln können, wie zum Beispiel eine chinesische Morchel, deren Geruch ihnen ja völlig fremd ist, weil sie niemals dafür ausgebildet worden sind. Die Antwort lautet: Hunde können generalisieren. Einmal auf eine Banane, eine Kiwi, einen Apfel oder auf Lamm- und Rindfleisch geschult und mit einem kleinen Snack belohnt, machen sie sich begeistert auf die Suche nach anderem, ihnen völlig unbekanntem Obst und Fleisch. Wendy Schwalger, die diese Hunde als *dog handler* am Flughafen von Christchurch seit mehr als vierzehn Jahren ausbildet, kann selbst kaum glauben, zu was so eine Beagle-Hundenase alles in der Lage ist. So hat es ihre achtjährige Hündin Jet sogar fertiggebracht, ungeschlüpfte Küken in Enteneiern in einem chinesischen Koffer zu erschnüffeln.

Als ich Wendy Schwalger im Frühjahr 2012 treffe, sitzt ihre beste Hundenase ihr zu Füßen: die berühmte Zane, die einmal ein getrocknetes Blatt gefunden hat, das sich als Lesezeichen in einen Container voller Bücher verirrt hatte. Zane konnte am Flughafen von Christchurch sogar einen winzigen Schnips Zitronenscheibe an der Einreise nach Neuseeland hindern, indem sie den potenziellen Übeltäter in einer verschlossenen Thermoskanne mit heißem Grüntee erschnüffelte.

Wer Nahrungsmittel und Pflanzen an der Grenze Neuseelands nicht richtig deklariert, muss indessen mit empfindlichen Strafen rechnen. Das gilt auch für ökologisch angebaute deutsche Äpfel oder Bio-Knabbernüsse. Man sollte einfach alles angeben, dann erspart man sich unnötige Schweißausbrüche, viel Ärger und spart noch Geld obendrein, denn selbst der Schmuggel eines einzigen Apfels kann teuer zu stehen kommen. Auch Prominente wie Hilary Swank müssen übrigens zahlen. Als die Oscargewinnerin sich weigerte, einen Apfel und eine Orange zu deklarieren, musste sie dafür 200 Dollar Strafe und die anschließenden Gerichtskosten berappen.

Alles, was fremde Samen, Sporen, Pilze oder kontaminiertes Wasser enthalten könnte, wie Campingartikel, Sportschuhe und Outdoorsachen, ist an der Grenze anzugeben. Man könnte zuvor ja durch einen Dschungel gestapft sein und ein unerwünschtes Larvenei an der Sohle kleben haben. Die Schuhe müssen auf jeden Fall ins Dekontaminierungsbad, nicht nur am Flughafen, sondern auch bevor man das Naturschutzgebiet Zealandia bei Wellington betritt. Man kann diese Einreiseprozedur verfluchen oder aber mit Humor nehmen, wie dies ein englischer Reisejournalist tat, der aus den sumpfigen Regenwäldern von Borneo und Sumatra nach Neuseeland reiste: »Ich habe meine Schuhe noch niemals so blitzeblank wiederbekommen wie nach dem Bio-Security-Check. Die sahen aus wie neu.«

Bescheiden. Freundlich. Schwarz.

Die Neuseeländer haben sich sehr lange mit der Frage beschäftigt, was ihr Land eigentlich ausmacht und wodurch sich die neuseeländische Identität auszeichnet. Für all die Dinge, die in Neuseeland erfunden wurden oder mit denen sich Neuseeländer identifizieren – wie dem Spielzeug *Buzzy Bee*, einer hölzernen Honigbiene, dem Dessert namens *Pavlova* oder dem famosen Draht No. 8 – haben sie einen eigenen Überbegriff geschaffen: die Kiwiana. Wer etwas über die tiefere Seelenlage der Neuseeländer wissen möchte, sollte jedoch nicht allein auf dieses historisch begründete Sammelsurium von Kuriositäten schauen. Zu den Kiwiana zählen nämlich nicht nur *Dinge*, sondern auch andere landestypische Indikatoren, wie Farben, ein bestimmtes Verhalten oder besondere Grundsätze. Wie den Gleichheitsgrundsatz zum Beispiel.

So fanden sowohl die ersten Polynesier als auch die ersten Europäer in Neuseeland nicht nur ein Paradies vor, sondern auch ein Leben voller Herausforderungen und Härten. Seit James Cooks Entdeckung der beiden Inseln und dem Ansturm darauf waren jeder Nagel und jede Schraube, jeder Hammer und jede Säge sechs bis acht Monate lang mit dem Schiff unterwegs, und jeder Neuankömmling musste gleichermaßen Holz hacken, Felder anlegen und ein Jahr auf die erste Ernte warten, weshalb sich schon bald in der jungen Gesellschaft der ersten Pioniere etwas herausbildete, was die Neuseeländer *egalitarianism* nennen. Eine Gleichheit unter Gleichen, weit weg von britischen Standeshierarchien und jeglichem Klassendenken. Jeder Neuseeländer fand nicht nur die gleichen Startbedingungen vor, sondern sollte zudem auch vor dem Gesetz gleichgestellt werden. So erhielt anfangs jeder Siedler genau einen viertel Acre Land zugeteilt (0,1 Hektar). Etwas, was sich in dem Spruch erhalten hat, man lebe auf seinem *one quarter acre paradise.* Bis heute beherrscht dieser Gleichheitsgedanke das alltägliche Leben. Mein neuseeländischer Zahnarzt zum Beispiel verdient durchaus etwas mehr als mein neuseeländischer Klempner, trotzdem trainieren beide in ihrer Freizeit im selben Kricketverein und spielen dort, nach eigener Aussage, beide auf gleichem Niveau gleich schlecht. Dieses Gefühl, Seite an Seite zu stehen, ist den Neuseeländern sehr wichtig, egal, welche Schichten es betrifft. Zwar gibt es die Schicht der sogenannten *white collar people*, der zum Beispiel die Rechtsanwälte angehören, aber diese Weißkrägen genießen keinen besonderen Status, bekommen keine Extraportion Respekt, nur weil sie Volljuristen sind. Man würde meinen neuseeländischen Zahnarzt und meinen Klempner nach Feierabend in Wellington auf der Cuba-Street anhand ihrer Kleidung nicht voneinander unterscheiden können. Beide sind gleichermaßen nett, zuvorkommend, freundlich und hilfsbereit. Und wenn sich beide dann später einmal zur Ruhe setzen, wird auch ihre Pension in etwa gleich hoch sein. Dieser *egalitarian state,* ein Staat der Gleichen, gehört nach wie vor zum Ideal der neuseeländischen Gesellschaft, auch wenn der neoliberale Turbofinanzkapitalismus in den letzten Jahren gehörig an diesem Gleichheitsgrundsatz geknabbert hat und ihn vielleicht eines nahen Tages zu einer sehnsüchtigen Erinnerung werden lässt.

Des Kiwis liebste Farbe

Ich sitze im ruhigen und gemütlichen Café des Te Papa Museum in Wellington (ein echter Insidertipp, nicht unten ins Touristencafé gehen, sondern das Café im vierten Stock wählen) und denke bei einem *short black*, einem neuseeländischen Espresso, über die Farbe Schwarz nach, die mich in Wellington und ganz Neuseeland verfolgt. Schwarz ist hier allgegenwärtig. In der Werbung, im Sport, in der Architektur, im Alltag, vor allem aber in der Mode. So fallen mir an den Frauen permanent die eng anliegenden schwarzen Sportshirts und Leggings ins Auge. Mir ist klar, dass die Neuseeländer über eine schwarze Schuhcreme namens *Kiwi* zu ihrer Identität gefunden haben (eine Geschichte, von der noch zu berichten sein wird), aber nun scheinen auch die rabenschwarzen Jerseyshirts der Rugby-All-Blacks auf alles abzufärben, was das Leben der Kiwis so ausmacht. Natürlich hängt dieser einheitliche Farbgeschmack auch mit der neuseeländischen Liebe zum Gleichheitsgedanken zusammen, denn wenn alle in Schwarz rumlaufen, kann ja keiner mehr aus der Masse herausstechen. Es gibt neuseeländische Modedesigner wie Zambesi und Nom*D, die sich hauptsächlich der schwarzen und dunklen Mode verschrieben haben. Kritiker sprechen bei Designern, die nur in schwarzen Kreationen denken können, längst von den *dark intellectuels.* Als ich im zarten Alter von fünfzehn Jahren zum ersten Mal einen neuseeländischen Leichtathleten namens John Walker in schwarzem Trikot auf dem Bildschirm erlebte, brannte sich auch bei mir die Verknüpfung »Schwarz gleich Neuseeland« tief ins Hirn ein. Neuseeland liebt Schwarz.

Schwarz ist dermaßen mit der neuseeländischen Psyche verwurzelt, dass auch die Forschung vermehrt der Ursache dieser obsessiven Vorliebe auf den Grund zu gehen versucht. Praktische Gründe gibt es genug. Da wären zum einen die gestrickten, knielangen, traditionell schwarzen Westen der Schafscherer. An deren Schneidegeräten klebte immer schon viel Dreck und Öl, und so war es nur sinnvoll, sich während der Arbeit in schützendes Schwarz zu hüllen.

Wer sich mit dem Thema beschäftigt, landet unweigerlich in der Zeit, als Schwarz im Commonwealth noch eine reine Trauerfarbe war. Immerhin trug Königin Viktoria von England nach dem Tod ihres Mannes Prinz Albert von Sachsen-Coburg-Gotha vierzig Jahre lang ausschließlich Schwarz – bis zu ihrem eigenen Tod im Jahr 1901. Die spektakuläre Tour der All Blacks, der neuseeländischen Rugbynationalmannschaft, im Jahr 1905 durch Großbritannien und Irland wird auch als farbliche Rebellion gegen das Mutterland England gesehen, dessen Sportler zur damaligen Zeit fast ausschließlich in reinstes Weiß gekleidet waren. Weiß, die Farbe der Unschuld, Weiß, die Farbe des Friedens. Weiße Kricketspieler auf grünem Grund, weiße Tennisspieler, weiße Golfer, weiße Fußballer. Weiß war in England – verblüffenderweise – lange Zeit auch die Farbe der Rugbyspieler, die sich aus diesem Grund vermutlich noch heute ungern, wie wahre neuseeländische Männer dies liebend gerne tun, an matschigen Wintermorgen durchs Rugbygeläuf wühlen. Clevere neuseeländische Mütter setzten sich hingegen bereits zu Ende des 19. Jahrhunderts dafür ein, dass ihre Kinder schwarze Rugbykleidung trugen, denn das war, was die Wäsche betraf, einfach praktischer. Schwarz wurde bald zum neuen Farbcode für ein ganzes Land.

Das Schwarz der All Blacks färbte sehr früh auf die Farbgebung der Modewelt Neuseelands ab, und als Coco Chanel im fernen Paris 1926 ihr *petit noir*, ihr kleines Schwarzes, vorstellte, war auch die neuseeländische Damenwelt bald nicht mehr ausschließlich in versnobtem englischen Weiß und kitschigem Ascot-Hellrosa zu sehen. Schwarz machte in Neuseeland selbst vor den traditionell hellen maritimen Sportarten wie dem Segeln nicht halt. Schwarz eroberte die Sportarten Cricket (die Black Caps), das Frauenrugby (die Black Ferns) sowie Hockey (die Black Sticks), um nur eine kleine Auswahl zu nennen. Und natürlich darf es auch nicht verwundern, wenn die weltweite Vermarktung des Landes Neuseeland mit der Kampagne »100 % pur New Zealand« von der Werbeagentur völlig in schwarze Farben getunkt wird. Allein die Fußball-Nationalmannschaft, die sogenannten All Whites, verweigern sich in ihrer durchgehend weißen Kleidung dem nationalen Einheitslook. Wahrscheinlich ein weiterer Grund, warum die Fußballer in Neuseeland nicht den gleichen Stellenwert wie die Rugbyspieler genießen und nicht so ernst genommen werden wie die All Blacks.

Eine Freundin sagte mir, ein Neuseeländer habe einer Deutschen, die gerade ins Land gezogen sei, geraten: Auf offiziellen Veranstaltungen in Neuseeland ist es völlig egal, welche Farbe du trägst. Hauptsache, deine Kleidung ist schwarz.

Das Tall Poppy Syndrome

Auf Menschen mit Burn-out-Syndrom wirkt Neuseeland wie Balsam auf die überarbeitete Seele, auf Egomanen, die gern heiße Luft produzieren, wie ein feuchtheißer Leibwickel, der ihnen hilft, ihre geblähten Egos loszuwerden. In

Neuseeland entspannt man sich, bleibt gelassen, muss nicht permanent zeigen, wer man ist. *The most laid back country in the world,* nennt man sich selbstbewusst, das gelassenste Land der Welt. Man fragt weder nach dem Status noch nach dem Besitz, und für Jugendliche gibt es keinen Druck, einen bestimmten Markenschuh zu kaufen, weil man sowieso viel lieber barfuß herumläuft. Was zählt, sind der Mensch und sein Charakter. Zu diesem entspannten Selbstbewusstsein gesellt sich eine Eigenschaft, die man in Neuseeland *Tall Poppy Syndrome* nennt. Wenn eine Mohnblume, im Englischen Poppy genannt, in einem Mohnfeld herausragt und sich somit über alle anderen Poppys erhebt, dann wird sie einfach abgeschnitten. *Cutting the ego.* Zurechtstutzen wäre wohl der passende deutsche Ausdruck für dieses Phänomen. Was sich zunächst einmal recht rigoros anhört, erweist sich in der neuseeländischen Realität als subtil eingeübtes Gesellschaftsspiel. Namen möchte ich hier nicht nennen, das würden mir auch die Neuseeländer verübeln, doch wenn sich beispielsweise ein berühmter amerikanischer Filmstar als ein *Tall Poppy* in den Vordergrund spielen möchte, dann wird er oder sie in Neuseeland auf humorvolle oder süffisante Weise einfach ignoriert. Sei es auf einer Party oder am Filmset. Egos werden nicht gefüttert, man zeigt ihnen einfach die kalte Schulter, indem man sich abwendet oder höflich schweigt. Arrogante Emporkömmlinge aus der Wirtschaft und dem Showbusiness werden ebenso behandelt. Der Regisseur Peter Jackson oder der Schafscherweltmeister David Fagan, der Fußballstar Wynton Rufer oder auch Richie McCaw, der Captain der Rugbynationalmannschaft, keiner käme auf die Idee, sich als vorlauter Star zu gebärden.

Einer, der das Kiwi-Ideal vom *Humble Man* perfekt verkörperte, war der berühmte Bergsteiger Sir Edmund Hillary. Zu den Menschen sagte er, nennt mich einfach nur Ed, ich bin doch nur ein ganz gewöhnlicher Kiwi. Seine

Frau musste all die Besucher höflich abweisen, die den gutmütigen, jederzeit zu einem Gespräch bereiten Ed einmal persönlich treffen wollten. Der erste Bezwinger des Mount Everest wohnte in einem einfachen Häuschen, jeder wusste, wie leicht es war, mit Ed ins Gespräch zu kommen, man musste quasi nur an seine Tür klopfen – und hoffen, dass er selbst öffnen würde. Kein Stargehabe, keine Allüren, keine Arroganz. Komm mal vorbei, wenn du in der Gegend bist. Neuseeländer meinen diesen Satz genau so, wie sie es sagen, und sind damit quasi das genaue Gegenteil der Amerikaner.

Nichts prädestiniert einen übrigens in Neuseeland mehr dazu, ein gutes, zufriedenes Leben zu führen, als ein *Humble All Black zu* werden, ein Spieler der Rugbynationalmannschaft. Wer diesen Status erklommen hat, dabei aber trotz allem bescheiden geblieben ist, hat den gesellschaftlichen Mount-Everest-Gipfel erreicht. Ein Status übrigens, den nicht nur Männer, sondern seit der Gründung der Frauenrugbynationalmannschaft auch Frauen erreichen können. Der Traum, ein All-Black-Spieler zu werden, rangiert in Neuseeland bei jungen Männern weit vor Berufswünschen wie Pilot oder Filmstar. Und wenn man es dann tatsächlich geschafft hat, so empfiehlt sich als guter Kompromiss, die Rolle des *Reluctant Heroe* einzunehmen, des Helden, der trotz all seiner Erfolge bescheiden und zurückhaltend bleibt.

Es gibt übrigens keinen einzigen Russen und auch keinen Amerikaner, der nach Aussage meiner neuseeländischen Freunde in die Kategorie des neuseeländischen *Humble Man* hineinpassen könnte. Auf deutschsprachige Prominente angesprochen, die dem Ideal am nächsten kommen würden, nennen Neuseeländer in erster Linie drei Namen. Den Wiener Schauspieler Christoph Waltz, der mit seiner unaufgeregten, leisen Art in Neuseeland viele Freunde und Fans gefunden hat, und Mario Adorf, der entsprechend seiner enormen Bandbreite an Ausdrucksmöglichkeiten als ganzer Kerl und gleichzeitig als bescheidener Mensch angesehen wird.

Als deutsches Aushängeschild des *Humble Man* gilt in Neuseeland allerdings Hans-Magnus Enzensberger, der feine, kultivierte Gentleman, der für diejenigen, die ihn bei seinem Besuch in Wellington gesehen haben, unvergesslich bleibt. »Man hatte einen vorlauten, kritischen deutschen Gast erwartet, und dann kommt dieser bescheidene, kluge Gentleman. Bescheiden, witzig, selbstbewusst und klug, alles in einem. Da waren wir Neuseeländer doch schon sehr überrascht über euch Deutsche«, sagte mir die Neuseeländerin Judith Geare im Goethe-Institut in Wellington.

Wahre Größe

Neben dem Gleichheitsprinzip und dem *Tall Poppy Syndrome*, dem Zurechtstutzen wild wuchernder Egos, haben die Neuseeländer die Tendenz, ihre junge Nation als kleines Land am Ende der Welt zu bezeichnen. Tatsächlich ist die Fläche Neuseelands aber mit 268 680 km^2 wesentlich größer als die Großbritanniens. Als Reisender sollte man auch die 1700 km lange Nord-Süd-Ausdehnung des Landes nicht leichtfertig unterschätzen. Dennoch wirbt Neuseeland damit, ein kleines, abgelegenes Land in den Weiten des Pazifik zu sein, was angesichts der geringen Bevölkerung von nur vier Millionen Einwohnern, die der Einwohnerzahl des Großraums Berlin entspricht, dann auch wiederum verständlich ist.

Doch trotz der beharrlichen Neigung zum *Understatement* spielte die Größe in Neuseeland von Beginn an eine gewichtige Rolle, und Größe ist auch heute noch etwas, das viele Dinge des Landes auszeichnet.

Einst besaß Neuseeland mit dem bis zu vier Meter großen Moa den größten Laufvogel des Planeten, der Eier legte, die mit 4,5 Kilogramm Gewicht so gigantisch waren, dass man heute mehr als 80 Hühnereier bräuchte, um auf ein ähnliches Volumen zu kommen. Zu den regulären Nachfahren des Moa zählen die Kiwiweibchen, und diese bestehen auch weiterhin darauf, so große Eier zu legen, dass sie ihren Bauch während der Tragezeit meistens über den Boden schleifen und Tage vor dem Legen nichts mehr essen können, weil das Ei den ganzen Unterleib ausfüllt.

Groß waren früher auch die Erwartungen der ersten Siedler, die auf fruchtbarem neuseeländischen Boden landeten, um bald schon vier Kilogramm schwere Karotten in der Nähe von Christchurch, neun Kilogramm schwere Rote Beten und einen fünfundzwanzig Kilogramm schweren Kohlkopf in der Nähe von Dunedin zu züchten. Ein Mythos war geboren, Neuseeland wurde, auch durch die Berichte in der britischen Presse, zum bizarren Wunderland auf der anderen Seite des Planeten – und es besitzt diesen Ruf bis heute noch.

Große Teile Neuseelands waren bis ins neunzehnte Jahrhundert mit gigantischen, bis zu fünfzig Meter hohen Kauri-Baumriesen bewachsen. Im Kauri-Museum in Matakohe (130 km nördlich von Auckland) erfährt man ein eindringliches Beispiel seiner Größe. Im neunzehnten Jahrhundert gab es einen Kauri-Baum, der so mächtig war, dass die Familie eines irischen Siedlers einige Kilometer außerhalb von Paihia auf der Nordinsel mit dreizehn Kindern direkt in den hohlen Baum einziehen konnte. Die Familie kratzte damals das morsche Holz heraus, zog einen Boden und eine Decke in den Stamm ein, und das erste Baumhaus Neuseelands war bezugsfertig. Als die Familie weiteren Nachwuchs bekam, baute sie einfach ein neues Stockwerk mit mehreren

Schlafzimmern in den Baum. Wer möchte, kann einige der letzten gigantischen Kauri-Bäume, die einst einen ganzen Wirtschaftszweig Neuseelands ausmachten, heute im Waipoua Kauri Forest an der Westküste der Nordinsel bewundern. Unter ihnen auch den mit 2000 Jahren ältesten und mächtigsten aller noch lebenden Kauri-Bäume, der von den Māori *Tāne Mahuta* genannt wird, der Herr des Waldes.

Und auch die Landbevölkerung denkt nicht klein. Neuseeländische Farmen sind mit durchschnittlich 131 Hektar wesentlich größer als ein typischer deutscher Bauernhof (52 Hektar), und die *Dairy Farmen*, die Milch produzierenden Betriebe, sind inzwischen so groß, dass sich eine Gegenbewegung im Land formiert hat, die den Größenwahn mit bis zu 20 000 Milchkühen auf einer einzigen Farm gern begrenzen möchte.

Wahre Größe erreichen auch die sogenannten *Big Things,* eine neuseeländische Spezialität, die einem Besucher des Landes sofort ins Auge fällt. *Big Things* sind landestypische Ikonen, ein Kiwivogel beispielsweise oder ein Lachs oder eine Möhre, die in meterhohen, oft schreiend bunten Nachbildungen am Ortseingang einiger Gemeinden zu finden sind. Diese *Big Things* genannten Skulpturen können als markante Attraktionen am Straßenrand für ortsfremde Autofahrer durchaus zu wichtigen Wegmarkierungen werden, wie zum Beispiel das aus Wellblech geformte Riesenschaf inklusive Wellblechschäferhund in Tirau.

Neuseeländische Farmer denken nicht klein und leben aus diesem Grund auch niemals in einem Dorf. Um vom Image des ländlichen Nobody wegzukommen, bezeichnen die Neuseeländer jedes noch so kleine Dörfchen selbstbewusst als *Town*. Das englische *Township* war den Neuseeländern als Begriff allerdings zu britisch, und das Wort *Village* wollte und will ihnen auch nicht über die Lippen, da es in neuseeländischen Ohren einfach zu winzig klingt.

»Ich gehe mal eben in die Stadt, Schatz«, kann in Neuseeland deshalb bedeuten, dass der Farmer mal eben eine Stunde zum Tratschen raus an die nächste Tankstelle fährt. Oder das Ehepaar fährt zusammen in die *Town*, die nichts anderes ist als eine einsame große Halle, in der man dann einen flotten *Scottish Country Dance* auf den Tanzboden legt.

Freiheit und Nonkonformismus

In Neuseeland hatte man seit je die Freiheit, so zu leben, wie man wollte. Die Anreise mit dem Camper an einen See, ein Zelt, ein wenig Strandgut, etwas Treibholz vom Meer. Und dann, ohne jede Bauvorschrift, ohne Genehmigung, ohne Plan, einfach mal loslegen. Sich ein Holzgerippe bauen, ein Schluck aus der Pulle zwischendurch, ein wenig träumen, um sich dann in Hanglage ein schräges *bach* zu zimmern, eine jener sagenhaften Hütten, mit Ausblick auf den tiefblauen Waikatipu-See vielleicht. Tische, Sofas, Lampen, Schränke, all das bringen später die Grillfreunde vorbei, die solche Dinge im Überfluss haben.

Neuseeländische Freiheit: eine Welt ohne Hausnummern, ohne Türklingel und mit wirklich freier Zeit. Keine deutsche »Freizeit«, bei der man im Schrebergärtchen zu Jäten und Unkrautrupfen verpflichtet ist, nein, im Neuseeländischen drückt sich freie Zeit am Schönsten im Wort *whenever* aus. Wann immer. Komm vorbei, wann immer du willst. *Whenever* sich die Zeit findet zu schwimmen, zu fischen, zu grillen, in der Sonne zu faulenzen. Aber bitte, um

Himmels willen, keine Gartenarbeit. Wir jagen die Wildschweine nebenan im Dschungel. Das geht gerade noch in Ordnung.

Ein Paradies. Wie sonst sollte man ein Leben nennen, wo sich sogar das Essen fast ganz von allein zubereitet. Die wenigen Handgriffe für einen Erdofen, den Hāngī, sind schnell getan. Einige heiße Steine dazu, und schon gart unter der Erde die Ente mit Miro-Beeren, Süßkartoffeln und frischem Lachs. Allein das Kanaki Pork auf dem Grill muss ab und an gewendet werden. Das war's. Die Freiheit der Trinkkunst gipfelte früher im *home brew*, im selbst gebrauten Bier. Ginger Beer, Black Beer. Heute macht sich kaum mehr jemand die Mühe des Brauens. Wieso auch?

Die Freiheit am See betrifft natürlich auch die Lautstärke, für so etwas wie Lärmverschmutzung haben Neuseeländer nun wirklich kein Wort. Und auch kein Verständnis. Freiheit, das bedeutet in Neuseeland: Der Rasenmäher darf zu jeder Tages- und Nachtzeit, an Sonn- und an Feiertagen angeschmissen werden und so laut dröhnen, wie er möchte. Und draußen auf dem tiefblauen See knattern längst nicht mehr nur kleine Motorboote. Es sind tatsächlich Jetboote, die ohne vorherige Genehmigung auf idyllischen Waldseen ihre Motoren so richtig schön aufheulen lassen. Was wäre ein freies Land wie Neuseeland, wenn man seinen Spaß nicht mehr ausleben dürfte. Oder wie es die Dame vom DOC, dem *department of conservation,* der Umweltbehörde des Landes, so schön formulierte: »Ja, aber wo sollten die tollen Jetboote denn sonst zeigen, was sie können?«

Andersherum oder Die Freiheit der Dinge

Wenn in Neuseeland der kürzeste Tag des Jahres anbricht, geht in Europa der längste Tag des Jahres zu Ende. Klar, alles andersherum. Während der Nachtmantel über Wellington hängt, schließt in Berlin ein Kind während einer Bootsfahrt auf dem Wannsee die Augen, weil es vom Sonnenlicht geblendet wird. Das schöne Helldunkelspiel eines Planeten, der im richtigen Abstand um seine Sonne kreist.

Es sind aber nicht nur die Jahreszeiten und die Menschen Neuseelands, die sich anders benehmen als ihre Verwandten auf der Nordhalbkugel. Auch die Dinge nehmen sich ihre Freiheit, das Wasser zum Beispiel. Das bekannteste und beliebteste der Es-ist-alles-andersherum-in-Neuseeland-Beispiele ist das des Wassers, das aufgrund der Corioliskraft dort entgegen dem Uhrzeigersinn strudelt. Diese Kraft, die bei Meeresströmungen gut sichtbar wird, hat beim Abstrudeln in Kloschüsseln und kleinen Waschbecken allerdings, entgegen einer populären Ansicht, keinen Einfluss. Man sollte sich also nicht wundern, wenn das Wasser down under, je nach Beschaffenheit des Beckens und Abflusses, mal rechts, mal links herum abstrudelt. Und Vorsicht! Architekten nehmen sich an linksdrehenden Naturmodellen selten ein Beispiel und installieren ihre neuseeländischen Drehtüren grundsätzlich rechtsdrehend, also wieder andersherum als bei uns. Hat man es dann trotz ungewohnter Rotation durch die Drehtür ins Innere zum Beispiel eines Kaufhauses geschafft, sollte man sich auch auf der Rolltreppe die Andersherum-Regel noch einmal kurz ins Gedächtnis rufen. In Neuseeland steht man nämlich auf Rolltreppen links und geht rechts vorbei.

In das Sammelbecken der Dinge und Verhaltensweisen, die in Neuseeland genau andersherum geschehen, gehören auch der Linksverkehr, die etwas häufiger nach oben getragenen Mundwinkel, dann die stets freundlichen und hilfsbereiten Autofahrer (auf dem Land), die neuseeländische Gelassenheit, die Bescheidenheit und Freundlichkeit und, als mein liebstes Anderssein, das dortige Barfußlaufen. Verallgemeinern lässt sich natürlich nichts, aber es fällt einem aufmerksamen Neuseelandreisenden dann irgendwann doch ins Auge: Mein Gott, das Kind hat ja keine Schuhe an, mitten im Winter. Und jetzt läuft es auch noch durch die eiskalten Pfützen.

Barfuß

Trotz des vielen Dschungels gibt es keine wilden Tiere in Neuseeland. Um noch deutlicher zu werden: Es gibt keine Krokodile, keine Skorpione, keine giftigen Frösche, keine giftigen Spinnen (außer der winzigen, scheuen Katipo, die aber noch niemand gesehen hat, den ich in Neuseeland kenne). Im Gegensatz zu Australien können die Kinder also tatsächlich ungefährdet barfuß in die Schule gehen. Die Barfußlauferei führt allerdings zu immerwährendem Spott vor allem vonseiten der Australier. In den USA heißt es in vielen Restaurants *no shoes, no shirt, no service* – in Neuseeland wäre so etwas absolut undenkbar. Das Barfußlaufen gehört unweigerlich dazu. Eltern in Neuseeland gehen sogar mit Schnittverletzungen ihrer Kinder lässig um und verweisen auf den notwendigen Lerneffekt.

Wieso lässt du deine Kinder barfuß laufen?

Warum nicht?

Sie könnten doch in eine Glasscherbe treten.

Dann lernen sie eben, dass man Glasflaschen nicht auf die Straße wirft. Außerdem haben wir Kiwis inzwischen eine so dicke Haut, da macht uns auch ein bisschen Glas bald nichts mehr aus.

Ich unternehme auf einer Neuseelandreise einen Selbstversuch. Als Anfänger beginne ich das Barfußlaufen, wie ich es aus Europa kenne, am Strand, steigere mich dann über

Parks und parkähnliches Ufergelände, bis ich eines Abends im Dezember schließlich bei flirrender Hitze barfuß zum nächsten Liquor Store die Straße hinuntergehe. Ich muss zugeben, Teile dieses Buches barfuß geschrieben zu haben und dass sich bei mir, je länger ich diesem Genuss gefrönt habe, eine ähnliche Abneigung gegen Schuhe entwickelt hat, wie das bei den Kindern in Neuseeland der Fall ist.

Das Recht aufs Barfußlaufen gipfelt in Hochzeiten, wo sowohl die Braut als auch der Bräutigam in Shorts und ohne Schuhe vor einen Traualtar treten, der praktischerweise direkt am Strand zu finden ist. Das Englische kennt mehrere Ausdrücke für diesen Bekleidungszustand. Einerseits *barefoot*, aber auf der anderen Seite eben auch *shoeless*. Die Schuhlosigkeit ist ein in pazifischen Regionen gern zelebrierter Ausdruck von Freiheit. Ein unsäglich wichtiges, weil befreiendes Lebensgefühl. Barfußlaufen wäre in jedem Land der Welt ein Armutszeichen. In Neuseeland ist es ein Zeichen des Luxus. Ich kann es mir leisten, barfuß zu gehen. Ich kann es mir leisten herumzulaufen, wie ich will.

Nasenküsse und Augenbrauengrüße

Neuseeländer geben sich nicht die Hand. Man lächelt sich an, sagt Hallo, aber den Handshake empfindet man als seltsam, zu abstrakt, zu ungelenk und formal. Zwischen guten Freunden, die sich länger kennen, kann ein Handschlag ja auch wirklich etwas seltsam aussehen. Mir geht es zumindest so, wenn ich nach Berlin zurückkomme und Freunden dort die Hand geben soll. Neuseeländer, die eine *Overseas experience* (*OE*) haben, neigen beim Begrüßen zum Handschlag, weil sie glauben, dies sei internationaler Standard. Wenn ich umgekehrt Māori-Freunden begegne, geht's meist herzlicher und intimer zu. Der Nasenkuss *Hongi*, bei dem man einander mit den Nasenrücken berührt, ist durchaus üblich und wird voller Selbstbewusstsein praktiziert.

Die liebste Begrüßung in Neuseeland aber ist mir der Augenbrauengruß. Ein, wie ich erfahren habe, aus dem pazifischen Raum kommender Brauch, der einige Gesichtsmuskeln beansprucht, die wir Mitteleuropäer in dieser Art selten benutzen. Beim Überqueren der Straße kann es passieren, dass mein Blick auf die Augen einer mir völlig unbekannten attraktiven Frau auf der anderen Straßenseite trifft. Sollten sich unsere Augen begegnen, könnte es sein, dass sie beide Augenbrauen kurz anhebt. Ein Flirt ist das noch nicht, könnte aber einer werden. Zumindest ist es ein erster Gruß. Hallo, Fremder.

Wenn man an einer belebten Straßenkreuzung um die Ecke biegt und versehentlich einen Mann anrempelt, wird einem möglicherweise der gleiche Gruß entgegengebracht. In diesem Fall eher ein: »Hey, macht nichts, ist nichts passiert. Alles in Ordnung.« Wenn beide Augenbrauen auf einer Party hochgezogen werden, ist dies eine herzliche Begrüßung. Viele Neuseeländer und Neuseeländerinnen haben die Augenbrauenbegrüßung von den polynesischen Einwanderern und den Māori übernommen, ohne sich dessen bewusst zu sein. Wenn ich jemanden darauf anspreche, weiß derjenige oft gar nicht, dass seine Augenbrauen ein Eigenleben führen. Probieren Sie es selbst: Wenn Sie einmal ganz kurz und schnell beide Augenbrauen heben, werden Sie merken, wie sehr das entspannt. Übrigens arbeitet in diesem Fall nicht nur der Augenringmuskel, sondern auch die Mundwinkelheber mit. Wenn sich Ihre Mundwinkel nicht wenigstens ein klein wenig schmunzelnd anheben, während Sie den Augenbrauengruß üben, dann haben Sie irgendetwas verkehrt gemacht – oder Sie sind einfach nur müde, innerlich noch nicht begrüßungsbereit.

Die Seele baumeln lassen

Ich sehe, wie ein Fensterputzer an der Oriental Bay in Wellington hoch oben vor den Hotelfensterscheiben an seinem Seil auf und ab schwingt, einige Luftgirlanden dreht, dann mit seinen nassen Schwämmen jongliert und abschließend eine gewagte Schraube dreht, wobei sich die elastischen Bänder verwringen, die an Gurten um seinen Bauch und um seine Schultern gespannt sind. Ein kleiner Adrenalinkick zwischendurch, etwas, das Neuseeländer immer wieder brauchen, wenn ihnen die Arbeit zu langweilig und ihr Leben zu öde zu werden droht. Der Fensterputzer macht nun verrückte Luftsalti, als wollte er seinen chinesischen Fensterputzkollegen in Shanghai Konkurrenz machen. Der junge Kerl ist zirkusreif. Die luftigen Grüße eines Bungeekünstlers. Die Passanten unten auf der Straße bleiben stehen und applaudieren nach oben, bis jemand vom Hotelpersonal aus der Lobby nach draußen kommt, um nachzuschauen, was dort los ist. Ich erwarte eine Schimpfkanonade, denn die gewagten Purzelbäume gehen ja schließlich auf Kosten der Arbeitszeit und Effizienz. Ist der Mann überhaupt versichert? Wenn ihm während der Arbeitszeit etwas passiert, wer kommt dafür auf? Aber ich denke zu deutsch. Der Angestellte stellt sich zu den Zuschauern, strahlt und klatscht in die Hände. Ganz entspannt im Hier und Jetzt. Man kann das ja auch alles andersherum sehen. Ist doch schließlich eine gute Werbung fürs Hotel. Neuseeland ist ein gutes Pflaster, um positive Gedanken einzuüben und einfach mal die Seele und den Körper baumeln zu lassen, und sei es während der Arbeitszeit.

Der Protest der nackten Brüste

Ganz andere Dinge als nur die Seele lassen Neuseeländer und Neuseeländerinnen baumeln, wenn man ihre Freiheitsrechte beschneidet. Als zwei Frauen aus Auckland im Jahr 2003 nach einem öffentlichen Protest für ihr Grundrecht auf freie Kleiderwahl mit nacktem Oberkörper durch Auckland zogen und wegen Erregung öffentlichen Ärgernisses für drei Tage inhaftiert wurden, empörten sich landesweit Bürgerrechtler, Feministinnen, Pornoproduzenten und Leitartikler gleichermaßen. Alle waren sich einig darin, dass die erst 1990 im *New Zealand Bill of Rights Act* festgelegte völlige Freiheit des Ausdrucks (*freedom of expression*) nun gefährdet sei: Dem Rights Act zufolge darf kein Neuseeländer und keine Neuseeländerin aufgrund seiner oder ihrer sexuellen Veranlagung daran gehindert werden, diese auch öffentlich zu zeigen. Es war der Larry Flint Neuseelands, der Pornoproduzent Steve Crow, der noch im gleichen Jahr eine *Boobs-on-bikes-Parade* in der Queenstreet in Auckland organisierte. Und während bei diesem ersten Protestzug nur ein Dutzend Biker mit halb nackten Models auf dem Rücksitz durch die Stadt kurvten, säumen heute beim größten Nacktprotest Neuseelands alljährlich über 100 000 Menschen die Straßen von Downtown Auckland, um heiß aufgemachte Drag Queens, Drag Kings, Biker und Models und deren nackte Brüste zu bewundern. Inzwischen wird der Protest als legaler Bestandteil einer Erotikmesse zelebriert und von demonstrierenden Bürgerinitiativen begleitet. Längst hat der Nacktprotest der Frauen auch andere neuseeländische Städte erreicht, die wie das konservativ geprägte Christchurch überhaupt kein Problem mit dieser Form des Selbstausdrucks zu haben scheinen. Die neuseeländischen Vorreiterinnen sind stolz darauf, dass ihre Art der Auflehnung weltweit Nachahmerinnen gefunden hat. Am bekanntesten sind mittlerweile die politischen Aktionen der Femen-Aktivistinnen in Weißrussland und der Ukraine, die sich dort entkleiden und damit gegen die Diktatur Lukaschenkos, gegen den Missbrauch der Menschenrechte, aber auch gegen die Pornografie protestieren.

Ein Nacktprotest von blumengeschmückten Ukrainerinnen aus dem Frühjahr 2012 richtete sich allerdings ausgerechnet gegen das Mutterland dieser Protestform. Der beliebteste Radiosender Neuseelands *The Rock FM* hatte unter seinen männlichen Hörern eine Reise in die Ukraine verlost, die dem Sieger des Gewinnspiels unter anderem das Treffen mit einer »heißen osteuropäischen Lady« versprach. Als der Winzer Greg, dessen Nachname von der Radiostation geheim gehalten wurde, nach erfolgreicher Teilnahme in der Ukraine eintraf, hatten die Nacktprotestiererinnen Alexandra, Inna und Hope in der Innenstadt von Donezk bereits ein Fahndungsfoto mit Gregs Konterfei verteilt. »Achtung, Mütter der Ukraine, Greg ist gekommen, um Eure Töchter zu f***!« Ob der neuseeländische Winzer Greg in der Ukraine dennoch sein Glück gefunden hat, ist bis heute nicht bekannt.

Ganz schön auf Draht

Spezialisierung ist ein Zeichen von großen Wirtschaftsstaaten, in kleinen Staaten wie Neuseeland ist jedoch seit jeher der Allrounder gefragt. Vor allem auf dem Land war es lange Zeit wichtig, kaputte Motoren, Türklinken oder Klospülungen selbst reparieren und im Auto vergessene Schlüssel eigenhändig aus dem Innern angeln beziehungsweise die Tür knacken zu können. Für alle genannten Problemstellungen, aber auch für weitaus größere Herausforderungen hat man in Neuseeland ein Instrument zur Hand, das sich dort früh zum Mythos entwickelt hat: der Draht Nummer 8 nämlich, der *No. 8 fencing wire.*

Ursprünglich wurden mit diesem Draht Weidezäune verbunden, doch erwies er sich bald als hervorragendes Werkzeug, um auch andere Probleme des Alltags anzugehen, wie beispielsweise Toaster, Staubsauger oder sogar Dächer zu reparieren. (Angeblich soll die berühmte No. 8 Ärzten sogar bei einigen Notoperationen gute Dienste erwiesen haben.) Jedenfalls wurde der dünne Draht in Neuseeland zur Insignie eines Mannes, der in der Lage ist, all seine Probleme selbst zu lösen. Bevor das Zeitalter der Flugzeuge anbrach, musste man sich in Neuseeland in der Reihe ganz hinten anstellen, wenn es um den Import von neuen Materialien und Technologien ging. Ersatzteile erreichten das Land erst spät, wenn überhaupt. Die Bevölkerung improvisierte und bewältigte ihre alltäglichen Reparaturen mit den Werkzeugen, die ihnen zur Verfügung standen. Dieser praktische Geist der frühen Pioniere, die sogenannte *kiwi ingenuity,* ließ frühzeitig erkennen, welch begnadete Querdenker in Neuseeland zu Hause waren: Die frühen Ausgaben der *Auckland Times* zum Beispiel wurden in Ermangelung einer Druckerpresse auf einer alten Wäschemangel gedruckt.

Die Neuseeländer erwiesen sich nicht nur im Zusammenhang mit den kleinen Dingen als kreative Geister, sondern wurden auch zu Erfindern großer und wichtiger, ja weltbewegender Geräte wie etwa des Bambusfahrrads, des Schneebesens, der Einwegspritze oder des Briefmarkenautomaten.

Als Erfinder dieses Meilensteins im Postwesen gilt Robert Dickie, ein Postangestellter aus Wellington. Anfangs lehnte man seinen Entwurf ab, weil man befürchtete, die Briefmarken und auch die Münzen könnten aus dem Automaten gestohlen werden, doch nach der Entwicklung einer verbesserten Version orderte allein Großbritannien 18 000 Exemplare seiner SVM (*stamp vending machine*).

Neuseeländer sind wahre Meister darin, Alltagsgegenstände vollkommen entgegen ihrer ursprünglichen Bestimmung zu benutzen. Zwar lässt sich die erste sinnvolle Verwendung eines Zollstocks als Flaschenöffner nicht eindeutig auf einen Neuseeländer zurückführen, die Vermählung einer Einwegspritze mit einem Luftgewehr aber durchaus. Der Apotheker und Tierarzt Colin Albert Murdoch, der bereits als Kind in Christchurch mit selbst gebastelten Gewehren und selbst gemischtem Schwarzpulver experimentierte, erfand 1956 die Einwegspritze aus Kunststoff, die seinerzeit die Medizintechnik revolutionierte, weil sie die infektionsanfälligen gläsernen Mehrwegspritzen ablöste. Später brauchte Murdoch nur noch seine beiden Fachgebiete, die Waffentechnik und die Injektionskunde, nach guter neuseeländischer Querdenkermanier zu verknüpfen, und schon hatte das Betäubungsgewehr das Licht der Welt erblickt.

Freiheit und der Anti-Atombomben-Blues

Ernest Rutherford, einer der Väter der Nuklearphysik, war Neuseeländer. Heute ist man wieder stolz auf diesen Wissenschaftler, dessen Eltern einst nach Neuseeland zogen, um dort Flachs und jede Menge Kinder großzuziehen, und nach dem sogar ein eigenes chemisches Element benannt wurde, das Rutherfordium. Trotzdem konnten die Neuseeländer sich lange Zeit nur schwer mit den Entdeckungen des erfolgreichen Atomforschers identifizieren, denn schließlich zählte man sich zu den ersten und den leidenschaftlichsten Kämpfern für eine atomwaffenfreie Welt. Bereits 1966 hatten die Franzosen damit begonnen, im Hinterhof Neuseelands, dem Mururoa-Atoll in der Südsee, Atomwaffen zu testen. Premierminister David Lange, der Preisträger des alternativen Nobelpreises, ging in die neuseeländische

Geschichte ein, als er zu einem amerikanischen Atomlobbyisten sagte: »Könnten Sie mal bitte kurz die Luft anhalten, ich kann das Uranium riechen, wenn Sie sich so weit vorbeugen.«

Das Bombenattentat des französischen Geheimdienstes auf das Greenpeace-Schiff *Rainbow Warrior* im Hafen von Auckland trug 1985 dazu bei, dass Neuseeland sich zur nuklearfreien Zone erklärte und – bis heute – allen atombetriebenen Schiffen die Durchfahrt in seinen Gewässern verbot. Neuseeland wurde damit zum Vorreiter der weltweiten Anti-Atom-Bewegung, deren Credo sich damals auch in den Texten von Schriftstellern und Musikern wiederfand. Die noch heute berühmten homosexuellen Schwestern, die Topp Twins, sorgten nach dem Angriff des französischen Geheimdienstes mit ihrem Anti-Atombomben-Blues namens *Radiation* auf diversen Musikfestivals für Furore. Kinder erklärten ihre selbst gebauten Baumhäuser im Garten zur nuklearfreien Zone. Die Wut der Neuseeländer auf den französischen Geheimdienst, der die *Rainbow Warrior* auf den Meeresgrund versenkt hatte, war so groß, dass man französische Baguettes boykottierte und sie kurzerhand, um nicht weiter darauf verzichten zu müssen, in *kiwi sticks* umbenannte. Das Wrack der *Rainbow Warrior* ist übrigens heute eines der beliebtesten Tauchreviere Neuseelands.

Abenteuer Alltag

Alltag, das ist die Welt unserer Gewohnheiten. Alltag, das sind Türklinken, Zebrastreifen, Duschköpfe, Namensschilder. Und für Europäer, die sich in Neuseeland auf ungewohntem Terrain bewegen, gerät der Alltag schnell zur Welt der fehlenden Dinge. Namensschilder an der Wohnungstür zum Beispiel empfindet der Neuseeländer als bei Weitem zu freizügig. Da gebe man einfach zu viel von sich preis, haben mir Neuseeländer gesagt, und folgerichtig gibt es natürlich auch kein Einwohnermeldeamt. Wäre ja noch schöner, wenn der Staat wüsste, wo man wohnt. Die Angabe von Namen und Adresse gegenüber den Stromanbietern ist schon Schande genug. Wo es kein Namensschild gibt, denkt sich der Neuseeländer, da braucht es auch keine Klingel, die im Westen ja häufig mit dem Schildchen verbunden ist. Klingeln findet man in Neuseeland meist nur an der Tür von deutschsprachigen Einwanderern. Immerhin gibt es in Neuseeland Briefkästen, die allerdings als solche nicht unbedingt sofort in Erscheinung treten. Selbst vor pompösen Landsitzen, den sogenannten *homesteads*, oder den mit zahlreichen verschnörkelten Verzierungen am Dachfirst und Geländer ausgestatteten Villen aus der viktorianischen Zeit findet man absurd bunte, oft sogar quietschende Gummienten-Briefkästen, ratternde Zahnrad-*letter-boxes* oder die Wellblechnachbildung eines Raddampfers. Ein zum Briefkasten umfunktionierter Außenbordmotor neben der Eingangstür ist in Neuseeland genauso möglich wie ein alter Toaster mit der sinnigen Aufschrift: »Liebesbriefe werden gerne angenommen, Rechnungen sofort geröstet und wieder ausgeworfen.«

Kein Namensschild also, keine Klingel, ein verrückter Briefkasten und dann, nachdem man die Wohnung betreten hat: kein Flur! Flure sind in den Augen von Neuseeländern ein sinnloser Raumverlust. Und wenn man keinen Flur kennt, was braucht man dann eine Garderobe? Richtig unangenehm kann es für Besucher Neuseelands werden, die nicht ahnen, dass man auch im Theater oder Konzertsaal und selbst in vielen Restaurants keine Garderobe vorfindet. Garderoben, sagte mir eine Neuseeländerin, gebe es wahrscheinlich nur in Ländern, die keine Stuhllehnen kennen, oder in solchen, in denen es sehr kalt sein müsse.

Treibholzträume und McMansions

Die sechs wichtigen Bs im Leben eines Kiwi heißen: *backyard, bach, barbecue, beach, boat* und *beer.* Also der Hinterhof, das Wochenendhäuschen, das Grillen, der Strand, das Boot und das Bier. Von diesen Bs lag dem Neuseeländer bislang eines besonders am Herzen, die eigene *bach* (Aussprache: Bätsch), ein Ferienhäuschen, am besten ein Strandhaus mit Meerblick. In den Bergen nennt man dieses eigene Domizil einfach *hut*, und in den Provinzen Otago und Southland auf der Südinsel bezeichnen die Neuseeländer die eigene kleine Hütte als *crib*. Eine Vokabel, die aus dem Schottischen stammen soll. In den 50er- und 60er-Jahren des vorherigen Jahrhunderts war eine *bachelor pad*, also eine Junggesellenwohnung, der Traum eines jeden Mannes. Aus Geld- und Materialmangel entstanden die windschiefen Häuschen an den Stränden Neuseelands damals aus all dem, was das Meer so an den Strand schwemmte. Den Lebensstil, den die Junggesellen in ihren Hütten pflegten, nannte man *baching*. Die klassische Definition einer *bach* in Neuseeland lautet: Etwas, das man selbst gebaut hat, auf einem Stück Land, das einem nicht gehört, mit Materialien, die man entweder geliehen, gefunden oder gestohlen hat.

Die Fähigkeit der Neuseeländer zu improvisieren und ihre Neigung zum Do-it-yourself konnten in diesen Wochenendhäuschen voll ausgelebt werden. Viele der bereits vor sechzig Jahren zusammengepuzzelten *baches* weigern sich bis heute standhaft zusammenzubrechen. Auch rechtlich dürfen illegal errichtete *baches* stehen bleiben, wenn ein Gewohnheitsrecht, ein *existing use right*, entstanden ist. Als authentischste *bach* gilt immer noch diejenige mit einem Plumpsklo dahinter, das sinnigerweise *long drop* genannt wird und das man, falls sumpfiges Gelände durchschritten werden muss, am besten über einen hölzernen Steg erreicht. Zur Grundausstattung einer einfachen *bach* gehören ferner ein Wassertank, mindestens drei Zimmer, einige (stets tropfende) Wasserhähne, ein Hochbett, in dem kleine Kinder übereinandergeschichtet schlafen können, und genügend Kerzen. Höherklassige Modelle verfügen über eine umlaufende Terrasse mit Meerblick sowie über ein kleines angrenzendes Häuschen, das sogenannte *sleep out*, in dem man sein Mittagsschläfchen hält, seinen Rausch ausschläft oder auch mal Gäste unterbringen kann.

Im Laufe der Zeit entstanden an neuseeländischen Stränden, Bächen, Flüssen, am Meer oder am Waldesrand *baches* in uneingeschränktem architektonischen Wildwuchs, in den verrücktesten Farben gestrichen, aus den unmöglichsten Materialien zusammengezimmert. Hauptsache, es war eine gute Stelle zum Fischen vorhanden oder das Meer war nicht weit. In einigen *baches* findet sich als innerer Kern ein Caravan oder ein Wohnmobil, um den herum dann, im Laufe der Jahrzehnte, immer weitere Räume angebaut wurden. Auf der Coromandel-Halbinsel wurden auch alte Straßenbahnwaggons in *baches* umfunktioniert, und in Taylor's Mistake nahe Christchurch wurden Felsenhöhlen zum Wohnort mit Seeblick.

Die Schriftstellerin Katherine Mansfield beschreibt ein klassisches *bach*-Leben in ihrer Erzählung *At the Bay*. Eine Handlung, die in Zeiten spielt, als Neuseeland an jedem Wochenende oder in der Ferienzeit gar für sechs Wochen einfach *closed down* war. Nicht erreichbar.

In den letzten Jahren hat sich die Welt der *baches* in Neuseeland dramatisch verändert. Mit steigendem Wohlstand ist einigen Behausungen mittlerweile die Metamorphose von der Bretterbude hin zur Villa mit Großgarage und Zugang zum eigenen kleinen Jachthafen gelungen. Andere haben sich in eine kunstvoll eingerichtete Galerie verwandelt oder in ein palastartiges Holzwunder mit verstellbaren Wänden. Voll eingerichtete elektronische Raumstationen an einer Klippe hoch über dem Strand verdienen den Namen *bach* heute eigentlich nicht mehr und werden von Neuseeländern ironisch *McMansion* genannt. Die klassischen *humble baches*, in die sich ihre Besitzer bei Kerzenschein vor der Zivilisation zurückzogen, sind in Neuseeland eine absolute Seltenheit geworden. Leider auch aus dem Grund, weil viele kerzenbeschienene Häuschen irgendwann einfach abgebrannt sind.

Umzug mit Haus

Eine Maklerin sagte mir, ein Kiwi zieht im Durchschnitt alle fünf Jahre um. Bei städtischen Neuseeländern könne die Frequenz noch wesentlich höher ausfallen, nach einer gewissen Zeit in den eigenen vier Wänden habe doch jeder irgendwann Hummeln im Hintern, oder? Doch der Grund für die häufigen Umzüge der Neuseeländer liegt nicht allein in deren Unruhe begründet. Es gibt eine clevere Art der Geldvermehrung in Neuseeland, die sich *Living up* und *Housing up* nennt. Es geht dabei nicht darum, sich nach oben zu schlafen, sondern sich nach oben zu wohnen, am liebsten nach ganz oben, womit die Kiwis nicht etwa eine Loft-Wohnung im Hochhaus meinen, sondern das Sahneschnittchen aller Wohnwünsche, die Klippenlage direkt über dem Meer. Wohlstand wurde in Neuseeland sehr lange über schlichtes Buying and Selling erreicht. Ein Hippie auf Waiheke Island ist allein dadurch Multimillionär geworden, weil er sein Grundstück an einen Segelfan verkaufte. Von seiner kleinen Bretterbude aus hatte man einen herrlich freien Blick auf die Bucht von Auckland und die Segelregatta des America's Cup. In Zeiten der kontinuierlichen Finanzkrise ist es allerdings nicht mehr ganz so einfach, über das bloße Kaufen und Verkaufen eines Hauses reich zu werden. Bei der Baufinanzierung fragen auch Banken in Auckland inzwischen nach mindestens zwanzig Prozent Eigenanteil.

Doch selbst wer nicht von finanziellen Interessen geleitet ist, zieht gern um, und wer dabei sein lieb gewonnenes Häuschen partout nicht verlassen möchte, hebt es auf einen Sattelschlepper und nimmt es einfach mit. Im Jahr 1896 war es ein gewisser George Jack, der sein Haus zum ersten Mal als Ganzes bewegte. Aus dieser Aktion ging die größte, bis heute existierende *house-removal*-Firma Neuseelands hervor. Häuser in Neuseeland sind meistens in Leichtbauweise gefertigt. Die tragenden Teile bestehen aus einer einfachen Holzrahmung mit leichten Rigipsplatten, sogenannten *gib boards*. Diese Häuser haben keine Unterkellerung und keine massiven Steinanbauten, allenfalls ein paar verschönernde Scheinziegel an der Außenfassade. Die in Eigenbauweise gefertigten »Wände« aus zwei dünnen, mit Gipsmasse verstärkten Schichten aus Zeitungspapier erweisen sich selbst bei Erdbeben als erstaunlich stabil. Ein solches Holz-Papier-Regips-Haus wackelt bei einem Beben zwar gehörig, bricht aber nicht so schnell zusammen wie ein Steinhaus. Und es ist eben relativ einfach, die Holzhäuser zu versetzen, also bei einem Umzug mitzunehmen.

Nicht nur Einfamilienhäuser können in Neuseeland umziehen, sondern auch Hotels. Das größte jemals versetzte Haus in Neuseeland ist das *Museum Art Hotel* in Wellington. Während des Transports an seinen aktuellen Platz an der Oriental Bay sind nur zwei Risse in einem Spiegel entstanden, die heute noch im hoteleigenen Restaurant bewundert werden können.

Aber es gibt nicht nur Kiwis, die sich mit ihren Häusern bewegen, sondern auch Häuser, die sich an Ort und Stelle als beweglich erweisen und sich selbst einem kleinen Tänzchen nicht verweigern. Wer jemals durch die Zimmer eines Holzhauses gegangen ist, das auf Pfählen errichtet wurde, weiß, wovon ich spreche. Und wer die Gelegenheit hatte, einen Blick unter ein solches, oft in Hügellage errichtetes »Pfahlhaus« zu werfen, wird erstaunt gewesen sein, wie viel Gottvertrauen man als Bewohner so haben kann. Aufgrund der Erdbebengefahr findet man anstatt einer Unterkellerung einfach einige Holzpfähle, auf denen das Haus ruht. Oder besser: eben nicht ruht, sondern bei jedem Schritt und Tritt knarzt und ächzt. Die Bewohner eines solchen Hauses gehen unweigerlich eine symbiotische Beziehung mit ihrer Wohnung ein. Da ein solches Haus in der Regel aus einem einfachen Holzgerüst in sogenannter *Framing*-Bauweise errichtet wurde, wackeln die oft nur genagelten Holzrahmen und Rigipsplatten tüchtig mit, wenn zum Beispiel eine Horde Kinder durchs Haus tobt. So mancher Besucher absolviert in diesen Momenten bereits seinen ersten Einführungskurs in Erdbebenkunde.

Einige wenige Häuser in Neuseeland gehen auf Wanderschaft, ohne dass der Besitzer dies ausdrücklich genehmigt hätte. Im kleinen Goldgräberstädtchen Waihi auf der Coromandel-Halbinsel, in dem immer noch eine Million Dollar pro Woche mit dem Goldabbau verdient wird, kam es in den letzten Jahrzehnten immer wieder zu Verwerfungen des Bodens und zu Stolleneinbrüchen, in deren Folge einige Wohnhäuser dann einfach in der Erde versanken. Wie alle Katastrophen und unabwendbaren Schicksale nehmen die Neuseeländer auch das Verschwinden ihrer Häuser ziemlich gelassen hin und geraten selbst in Gefahrenmomenten nicht in unnötige Panik. Die Besitzerin eines gefährdeten Grundstücks, die ich einmal kennengelernt habe, bewohnte immer noch ihr Haus und bot es sogar als Bed-and-Breakfast-Pension an. Als ich sie fragte, ob es denn nicht gefährlich sei, im Haus zu übernachten, sagte sie mir: »Das Haus ist ziemlich sicher, da kann kaum was passieren, aber der Garten ist gefährdet, da solltest du nicht allzu lange im Liegestuhl herumliegen.«

Tätowierter Santa Claus

Der neuseeländische Supermarkt ist ein wunderbares Territorium, um der Kultur des Alltags nachzuspüren. In einer Supermarktkette namens New World beginnt die Irritation mit einer lächelnden Frau, die mich mit einem fröhlichen *How are you today?* an der Theke mit den frischen Quiches und Pies begrüßt. Ein junger Mann skatet auf seinem Bord rasant durch die Gänge, kurvt haarscharf um einen Stapel Tomatendosen, und niemand scheint sich daran zu stören. Ein Weinhändler mit kräftigem Hinterhauptzopf und roter Nase ist offensichtlich selbst sein bester Kunde und schenkt mir und sich einen Sauvignon Blanc aus, während er – neuseeländisches Multitasking – gleichzeitig erzählt, wie viele Hausfrauen und Witwen heute wieder mit ihm geflirtet haben. Vor dem Milchstand mit den unzähligen Milchsorten bin ich während meiner ersten Neuseelandbesuche stets verzweifelt, bevor ich mich irgendwann doch durch die zahlreichen Etiketten gekämpft hatte. An der Zeitschriftenecke des Supermarktes verwandelt sich ein kleines Kränzchen älterer Damen in kichernde Teenagerinnen, die sich dort mit Gartenjournalen in den Händen scheinbar zusammengefunden haben, um über die neuesten Vorgartenideen zu debattieren. Die Zeitschrift *House and Garden* vor ihren Gesichtern ist jedoch nur eine geschickte Tarnung. Denn heimlich zieht sich die betagte Damenrunde die Zeitschriften mit den *kiwi blokes* rein, den echten Kerlen, die da muskelbepackt und mit heißen Tattoos auf den Covern zu sehen sind.

Die Menschen im Supermarkt sind völlig entspannt, obwohl am nächsten Tag mit dem ANZAC Day ein Feiertag ansteht. Ein Tag, vor dem man in Deutschland nervös und hektisch einkaufen würde, als drohte einem ohne entsprechende Vorsorge der Hungertod. Als es ans Bezahlen geht, stehe ich ausgerechnet in der Reihe, in der die neuseeländische Kassiererin noch in einen kleinen Plausch vertieft ist. Erstaunt nehme ich zur Kenntnis, dass die Menschen in der Schlange die Verzögerung zum Anlass nehmen, um ebenfalls noch ein kleines Schwätzchen mit ihrem Nachbarn zu halten.

Zugegeben, in meinem Dairy, meinem Milchladen, lässt sich die Kassiererin noch weitaus mehr Zeit für die Gespräche mit ihren Kunden, selbst wenn sich irgendwann eine lange Schlange bildet. Doch niemals kommt ein böses Wort von den Wartenden. Verzögerungen an der Kasse entstehen auch dann, wenn jemand Alkohol einkaufen möchte, das dafür nötige Alter auch deutlich sichtbar erreicht hat, es aber mit einem Schüler als Kassierer zu tun hat. Neuseeländische Kids dürfen zwar im Supermarkt arbeiten, aber keinen Alkohol verkaufen. In einem solchen Fall muss eigens ein volljähriger Verkäufer gerufen werden. Die verlorene Zeit holt man wieder auf, indem ein ganzes Heer von Jugendlichen einem die Waren in Lichtgeschwindigkeit in die Tüten packt.

Ganz besonders skurril wird das Einkaufen in Neuseeland dann zu Weihnachten, wenn an den Scheiben des Supermarktes Schafwollflocken den Schnee ersetzen und Glitzerspray in gleißender Sommersonne den Frost vortäuschen soll. Mädchen in roten Hotpans und sexy Santa-Claus-Outfits mit Weihnachtskäppchen auf dem Kopf stimmen in der brütend heißen Sonne Weihnachtslieder an, die dann überflüssigerweise im Text das miese Wetter und den glitzernden Schnee besingen:

> *Oh the weather outside is frightful, but the fire is so delightful, and since we've no place to go – Let it Snow! Let it snow! Let it Snow!*

Am interessantesten fand ich aber einen Weihnachtsmann in der Cuba Street, der sich überhaupt keine Mühe machte, seine tätowierten Arme zu bedecken. Für neuseeländische Kinder scheint es völlig normal zu sein, dass der Weihnachtsmann auf seinem Unterarm einen Totenkopf und eine sich lasziv räkelnde Nixe trägt.

Restaurants

Neuseeländer gehen sehr früh zum Abendessen. 18 Uhr wäre eine gute Zeit für ein Dinner, 17.30 Uhr ist auch völlig in Ordnung. Um 22 Uhr ist dann für die meisten Restaurants bereits Feierabend, und manche Lokale lassen einen schon ab 21 Uhr nicht mehr hinein. Als ich einem italienischen Freund von diesem kulinarischen Zeitkorsett erzählte, hob er nur bedauernd die Achseln. Dabei gibt es, meist auf dem Land, durchaus auch flexiblere Öffnungszeiten. Wo ein Schild mit dem schönen Spruch *Open Til Closed* zu sehen ist, entscheidet allein der Besitzer, wann er sein Geschäft oder Restaurant schließt. Sollte es geschlossen sein, könnte lautes Klopfen verbunden mit einem hungrigen Blick durchaus eine lohnenswerte Strategie sein. Falls Sie irgendwo das Kürzel BYO erblicken: Es steht für *bring your own*. Da es einige Lokale gibt, die keine Lizenz zum Alkoholausschank besitzen, erlauben deren Besitzer zum Verzehr eine eigene Flasche Wein oder Bier am Tisch. Man zahlt lediglich eine kleine Gebühr, die sogenannte *bottle fee*.

Die Bedienung in neuseeländischen Restaurants erfolgt in der Regel ein klein wenig langsamer, als man das von europäischen Gaststätten gewohnt ist. Hier nützt allerdings auch der stärkste Körpereinsatz nichts. Auf ein Herumfuchteln mit den Armen reagieren Neuseeländer einfach nicht, und auch auf laute Zurufe verfallen die Kellner unweigerlich in ein Tempo, das einen eher an die Geschwindigkeit von Schnecken erinnern mag. Ein lässiges und wie beiläufig eingestreutes Heben der Hand hingegen könnte Wirkung zeigen, wenn denn die Blickrichtung stimmt. Was man in neuseeländischen Restaurants gar nicht mag, ist ein Gästeverhalten, das man hier *pushy* nennt. Aufdringliche und penetrante Gäste mit einem Zeitproblem sollten lieber gleich in ein Fast-

Food-Restaurant gehen, bevor ihnen die überreichte Tischnummer wieder aus den Händen genommen wird und sie sanft auf die Straße hinauskomplimentiert werden. In neuseeländischen Restaurants zelebriert man sein Essen zwar, die Kellner und Kellnerinnen verstehen sich jedoch nicht als Dienstleister. Hier wird nicht gedient, hier wird geholfen! Das ist ein großer Unterschied. Unterwürfiges Verhalten ist grundsätzlich kein Charakterzug der Neuseeländer, schon gar nicht in Speiselokalen. Ein stolzer Neuseeländer käme niemals auf die Idee, vor dem Gast zu schleimen oder einen Buckel zu machen, nur um ein höheres Trinkgeld herauszuschlagen. Das bekommt er sowieso ausgesprochen selten, Trinkgeld hat man bis vor einigen Jahren in Neuseeland gar nicht gegeben und macht es auch heute nur zögernd. Und wundern Sie sich nicht, wenn man Ihnen, falls Sie in einer Gruppe am Tisch sitzen und getrennt zahlen wollen, am Ende Ihres Menüs einen Taschenrechner bringt. Es ist nämlich Ihre Sache, die Rechnung aufzuschlüsseln. Sowieso bezahlt man meist an der Kasse, die Rechnung wird nur in den seltensten Fällen an den Tisch gebracht.

Konkurrent Australien

In den Kirchen Australiens hängt ein goldenes Telefon, das einen direkten Draht zu Gott herstellt, allerdings kostet die Verbindung pro Minute tausend Dollar. In Neuseeland hängt ebenfalls in jeder Kirche ein Telefon mit einer direkten Leitung zu Gott, aber hier kostet die Minute nur zehn Cent. Warum? Nun, in Neuseeland gilt die Verbindung zum lieben Gott als Ortsgespräch.

Neuseeland versucht Australien auf allen möglichen Gebieten auszustechen, und mit der Verbindung zu Gott klappt das bestens, denn schließlich sieht sich Neuseeland als *God's own country*. Australien und Neuseeland sind seit Tausenden von Jahren Nachbarn, auch wenn sich ihre Bewohner das erst seit dreihundert Jahren gegenseitig vorwerfen können. Die beiden Länder haben einander noch nie den Krieg erklärt, sie haben sogar in beiden Weltkriegen Seite an Seite gekämpft, doch ihr Verhältnis ist dadurch nicht inniger geworden. Für Außenstehende ist das schwierige Verhältnis, das Neuseeländer und Australier pflegen, nicht einfach zu verstehen. Schließlich gibt es vieles, was die Länder verbinden könnte. Da gäbe es die gemeinsame historische Pionierzeit, die Landwirtschaft als stärksten Wirtschaftszweig, eine indigene Urbevölkerung, die Begeisterung für den Sport, die Heiligsprechung des Rugby. Die Männer neigen in beiden Ländern ein wenig zur Raubeinigkeit, außerdem pflegt man in Australien wie in Neuseeland eine distanzierte Nostalgie für das Mutterland Großbritannien. Großspurigkeit ist beiden Ländern fremd, und auch der *egalitarian spirit,* der Geist der Freiheit, ist hier wie dort sehr ausgeprägt.

Eigentlich gäbe es also die idealen Voraussetzungen für eine innige Freundschaft, wenn nicht gar für eine politische Union. Über einen Zusammenschluss der beiden Staaten wurde 1901 abgestimmt, doch Neuseeland hat sich der Ehe mit dem »Commonwealth of Australia« verweigert, und seitdem gehen beide Länder getrennte Wege. Begründet wurde die Ablehnung Neuseelands damals mit den fehlenden Bürgerrechten für die Aborigines. Ein heikles Thema. Allerdings, welche der über 150 noch gängigen Aborigines-Sprachen sollten die Australier zur zweiten offiziellen Landessprache erheben, ohne anderssprachige Aborigines zu brüskieren? In Neuseeland ist das anders. Te Reo Māori, die Sprache der Māori, wurde 1987 als offizielle Landessprache durch ein Gesetz im Parlament verankert und gleichberechtigt neben das Englische gestellt. Seit 1896, als es nur noch 42 000 Māori gab, hat sich ihre Zahl bis heute (2014) wieder auf über 400 000 erhöht, was auch an den zahlreichen Mischehen liegt, denn durch wessen Adern zu einem Achtel Māori-Blut fließt, der zählt heute als Māori. Allerdings leben auch viele Māori mittlerweile in Australien und werden aus diesem Grund von den Neuseeländern *mossies* genannt: eine Wortschöpfung aus dem Wort Māori und *Aussie,* dem Slangbegriff für Australier. Mit Stolz verweisen die Neuseeländer auf die Integration der Māori in ihre politische Landschaft. Unter den 120 Mitgliedern des neuseeländischen Parlaments befinden sich 24 Māori, also 20 Prozent.

Spätestens mit dem Größenvergleich der beiden Staaten, so denkt man sich, müsste Neuseeland in andächtige Demut verfallen. Stattdessen bezeichnet man das zehnmal so große Australien als *West Island,* als westliche Insel, die damit den gleichen Stellenwert erhält wie die Südinsel und Nordinsel Neuseelands.

Seit Jahrzehnten stehen Australien und Neuseeland nicht nur in sportlicher, sondern auch in kulinarischer Konkurrenz zueinander. So bekämpft man sich außer im Rugby, Cricket, Schwimmen und Segeln auch im Lebensmittelsport, im Wettkampf darum, wer die beste Hefeschmierpaste, die beste Kalorienbombe oder den besten Flat-White-Kaffee der Welt herstellt.

Gern verweist man auf die ehemalige Sträflingskolonie Australien, auf jährliche Waldbrände, auf vierzig giftige Spinnenarten, hinterhältige Krokodile, tödliche Haie (die seltsamerweise nur vor den Küsten Australiens auf ihre Opfer lauern), auf Killerquallen und giftige Schlangen und ganz allgemein auf die Unmöglichkeit, in einer solchen Hölle barfuß herumlaufen zu können. Trotz all der guten Argumente treten in jüngster Zeit allerdings immer mehr Kiwis ihre Reise *across the ditch* (über den Graben) an, einfach deshalb, weil bei den Australiern die besseren Stundenlöhne gezahlt werden. Der Australier wiederum, der im Neuseeländischen zu einem kurzen *Aussie* abgekürzt wird oder sich, es geht ja immer noch kürzer, in einen *Oz* verwandelt, hat Neuseeland längst zu seinem liebsten Reiseziel erwählt. Was allerdings nicht heißt, dass er sich auf der anderen Seite nicht weiterhin ständig über den minderbemittelten, verarmten Nachbarn lustig machen würde.

Dass die Neuseeländer mit den Australiern in Sachen Spitzzüngigkeit durchaus konkurrieren können, zeigt eine Bemerkung des ehemaligen Premierministers Robert Muldoon, der über den Brain Drain, das Auswandern so vieler Neuseeländer nach Australien, nur trocken anmerkte, jeder Kiwi, der nach Australien emigriere, würde den durchschnittlichen Intelligenzquotienten beider Länder erhöhen.

Schräge Vögel und andere Tiere

Neuseeland ist immer wieder für eine Überraschung gut. Sei es im Fußball, wenn es der neuseeländischen Nationalmannschaft gelingt, als einzige Elf bei einer Weltmeisterschaft unbesiegt zu bleiben (2010 in Südafrika), oder in der Meeresforschung, wenn eine neue, bislang unbekannte urzeitliche Flohkrebsart entdeckt wird (Fund einer Riesen-Amphipode Anfang 2012). Beide Ereignisse schlugen, im Gegensatz zu den Meldungen über das große Erdbeben in Christchurch oder das Stranden von einhundert Grindwalen bei Farewell Spit, zugegebenermaßen in Europa keine großen medialen Wellen. Eine andere überraschende Entdeckung aber könnte in Zukunft durchaus für einige Schlagzeilen sorgen:

Geologen entdecken neuen siebten Kontinent namens Zealandia!

Das Unglaubliche an dieser Meldung wäre ihr Wahrheitsgehalt. Denn tatsächlich ist es Forschern in jüngster Zeit gelungen, diesen bislang völlig unbekannten Kontinent wissenschaftlich zu bestätigen. Verblüffend ist auch die Entstehungsgeschichte Neuseelands, das als einziger Teil dieses riesigen, bislang unbekannten Kontinents erhalten geblieben ist. Obwohl sich Neuseeland nämlich auf seiner Nordinsel sehr vulkanisch und auf der Südinsel in jüngster Zeit seismisch sehr aktiv präsentiert, hat sich die Inselgruppe überraschenderweise nicht, wie etwa Island oder Hawaii, vor Urzeiten mit viel Getöse aus dem Meer erhoben. Neuseelands Existenz verdankt sich dem genauen Gegenteil, nämlich einem versunkenen Kontinent.

Vor etwa 80 Millionen Jahren löste sich vom einstigen, die Südhalbkugel der Erde zu großen Teilen bedeckenden Großkontinent Gondwana ein riesiges Fragment ab und driftete an genau jene Position im Südpazifik, an der heute Neuseeland zu finden ist. Gondwana bestand damals aus Südamerika, Afrika, Madagaskar, Indien, Australien und ebenjenem mysteriösen Kontinent, dem Geologen nun den Namen Zealandia verliehen haben. Da dieses riesige Bruchstück aber bei seiner Ankunft im Südpazifik genau in der Kampfzone zweier Kontinentalplatten anlandete, gingen im Laufe der Jahrmillionen große Teile Zealandias wieder unter, versanken einfach im Meer. Das, was heute als neuseeländisches Festland aus dem Meer ragt, ist nichts anderes als der über 2000 Kilometer in die Länge gezogene, eigentlich magere Rest dieses einstigen Urkontinents. Die imposanten neuseeländischen Alpen auf der Südinsel kann man sozusagen als die Knautschzone der beiden pazifischen Kontinentalplatten betrachten. Diese Südalpen stammen mit einem stolzen Alter von über hundert Millionen Jahren übrigens noch aus der Zeit Gondwanalands und sind damit weitaus älter als die europäischen Alpen.

Wenn sich eine Touristenbehörde ein Land zaubern könnte, sähe es vielleicht wie die neuseeländische Südinsel aus. Gigantische Farne, urzeitlich wirkende Fremdartigkeit, fast über- und außerirdische Schönheit von in Regenwälder hineinkalbenden Gletschern, Fjorden, schneebedeckten Alpen, Wasserfällen und heißen Quellen. Kein Wunder, dass sich der Regisseur Peter Jackson und die Weta-Filmstudios in Wellington genau diese urtümliche Landschaft als Kulisse für ihre Filme »Lord of the Rings« und »Der Hobbit« ausgesucht haben – aber dazu später mehr.

Da driftet also vor Millionen Jahren ein riesiges Fragment von einem gigantischen Urkontinent, auf dem es bereits Tiere und Pflanzen gab, in Richtung Südsee, immer weiter weg von allen damaligen Welten, immer weiter weg in die Isolation. Oder anders ausgedrückt: Eine mit archaischen Pflanzen (über 80 Prozent der neuseeländischen Pflanzen gibt es nirgendwo sonst auf der Welt) und Tieren vollgeladene Arche sticht in See, geht auf einen millionenjahrelangen Törn, kentert dann vor 25 Millionen Jahren in der Südsee und versinkt fast vollständig. Einige der ursprünglichen Tiere, die alle noch aus Gondwana stammten, können sich retten. Und so überleben in der Abgeschiedenheit des Südpazifik auf den neuseeländischen Inseln bis heute einige teils sehr skurrile Gesellen – darunter viele schräge Vögel, die sich, angesichts fehlender Feinde, im Lauf der Jahrmillionen zu flügellahmen, meist schlecht getarnten und mitunter übergewichtigen Fußgängern entwickelt haben. Am bekanntesten ist wohl ein Vogel, der es dank seltsamer Umstände und der geschickten Vermarktung einer Schuhcremepaste sogar zur landesweiten Ikone gebracht hat und nicht nur der pelzigen Kiwifrucht, sondern auch allen anderen Bewohnern dieses Landes seinen Namen verlieh.

Schräge Vögel I: der Kiwi

Jedes Jahr wird in Neuseeland der Vogel des Jahres gewählt, ein Ritual, das vermutlich noch lange fortbestehen wird, denn an ulkigen Vögeln herrscht in Neuseeland wahrlich kein Mangel. Zu den bisherigen Siegern zählt neben dem schwersten Papagei der Welt, dem Kakapo, der eher bellt als krächzt, und dem Pukeko, einem außerordentlich clownesken Vogel, der mich bei jedem Schritt an Karl Valentin erinnert, selbstverständlich auch der Kiwi. Sympathischerweise hat es dieser Vogel zu größtem nationalen Ansehen gebracht, obwohl er flügellahm ist und gelegentlich einfach kopfüber nach vorn fällt, um sich auf seinem langen gekrümmten Schnabel auszuruhen oder einfach aufgestützt in dieser Slapstickpose einzuschlafen.

Neuseeländische Expeditionsleiter behaupten gern, der Schrei eines Kiwis höre sich an wie eine knarzende, nicht geölte Tür. Doch diese Behauptung grenzt an einen Euphemismus: Die hervorgepressten Laute eines Kiwiweibchens klingen für mitteleuropäische, an Singvogelstimmen geschulte Ohren einfach nur qualvoll. Und die sirenenartige Heulnummer des Männchens steht dem kaum nach.

Ich habe den Kiwi erstmals auf Steward Island vernommen, einer der Südinsel vorgelagerten kleinen Insel, die von den Nord- und Südinsulanern nur schroff als Pig Island, als Schweineinsel, bezeichnet wird und auf der ich mich einer nächtlichen Expeditionsgruppe in die Inselwälder angeschlossen hatte. Die schrillen Laute eines Männchens schwirrten als monoton klingende Endlosschleife durch den nächtlichen Wald.

»Die Kiwis haben keine Fressfeinde«, meinte John, der Expeditionsleiter, und ich dachte mir: Wahrscheinlich liegt das an diesen absurden Lauten. Die gehen ihren potenziellen Feinden damit einfach völlig auf die Nerven.

Dann erklärte uns John, der schrille Ruf eines männlichen Kiwis diene dazu, sein Revier abzustecken. Die sirenenartigen Laute seien für andere Kiwis auch in fünf Kilometer Entfernung noch zu hören. Vorsorglich bat uns John, dass wir uns ruhig verhalten sollten, falls wir die weibliche Antwort zu hören bekämen. Was er wohl eigentlich meinte, war, dass wir nicht in einen Lachkrampf ausbrechen sollten. Denn die Schreie des Kiwiweibchens, die wir nach langem Warten tatsächlich zu hören bekamen, klangen völlig absurd. Ein heiser gegrunztes, herausgewürgtes, immer erschöpfter klingendes Oh je, oh je, oh je.

Man fragt sich unweigerlich, wie die Neuseeländer darauf kommen, sich als integrierendes nationales Symbol und Wappentier auf den Kiwi zu verständigen, einen kleinen, nachtaktiven, flugunfähigen, buckligen Vogel, der derart schräge Töne von sich gibt und aussieht wie eine Kokosnuss mit Schnabelstrohhalm. Die neuseeländische Heraldik geht eigenartige Wege. Dort, wo andere Nationen sich den prachtvollen Steinadler (Deutschland), den Seeadler (USA) oder den Kondor (Kolumbien, Chile, Ecuador, Bolivien) als Wappentier erwählen, da legen sich die Neuseeländer dieses scheue Geschöpf aus der Gattung der Schnepfenstrauße als nationales Symbol zu.

Den wahren Grund, wie es dazu kam, werde ich später verraten, vorher aber einige Wappentieralternativen aufzeigen, die ebenfalls von neuseeländischen Politikern ins Auge gefasst wurden.

Da wäre zum einen der Wal, der mit seiner geysirgleichen Wasserfontäne jährlich Tausende von Touristen beim Whale-Watching in Kaikoura und in der Bay of Islands in Entzückung versetzt und spätestens seit dem Film »Whale Rider« mit der hinreißenden Keisha Castle-Hughes als Walreiterin Pai in Neuseeland und weltweit Heldenstaus erlangte. Ein Tier, das auch der österreichisch-neuseeländische Künstler Friedensreich Regentag Dunkelbunt Hundertwasser sicherlich gern als Wappentier gesehen hätte.

Die parlamentarische Ablehnung des riesigen Moa als Wappentier ist hingegen durchaus verständlich. Zwar konnte dieser mächtige Vogel viereinhalb Kilogramm schwere Eier legen, doch welcher Staat wählt sich ein ausgestorbenes Tier als nationales Symbol?

Auch der Albatros konnte das Parlament nicht beeindrucken, obwohl der König der neuseeländischen Lüfte dank einer imposanten Flügelspannweite von drei Metern und trotz seines Gewichts von über zehn Kilogramm zu den besten Langstreckenfliegern der Welt gehört. Auf der Südinsel, in Taiaroa Head auf der Halbinsel Otago, dem einzigen Ort der Welt, an dem Königsalbatrosse sich direkt vor den Augen der Betrachter in die Lüfte erheben, sagte man mir, diese majestätischen Vögel könnten siebentausend Kilometer weit fliegen, ohne auch nur einmal landen zu müssen.

Die Wahl des kleinen, stummelflügeligen Kiwi zum nationalen Symbol sei ein Akt des demütigen Konsenses gewesen, behauptet Michael King, der bekannteste Historiker des Landes, dessen dicke Schwarte *The Penguin History of New Zealand* in den Schulen des Landes als Pflichtlektüre gilt. Man habe sich 1920 gegenüber der englischen Krone nicht getraut, ein machtvolles nationales Zeichen zu setzen.

Die Ureinwohner des Landes, die Māori, haben eine ganz eigene, mystische Erklärung, wie der Kiwi zum beliebtesten Vogel des Landes werden konnte. Tāne Mahuta, der Gott des Waldes, rief eilig alle Vögel des Himmels zu sich, weil er sah, dass seine Bäume von Käfern und Insekten zerfressen wurden. Einer der Vögel sollte für immer die Lüfte verlassen und sich am Boden der Aufgabe hingeben, Insekten und Larven zu fressen, und so die Bäume beschützen. Keiner der Vögel wollte diesen Dienst am Wald vollbringen, nur der Kiwi war bereit, das Opfer auf sich zu nehmen und nie wieder den Wind unter seinen Schwingen zu spüren. In der Folge schrumpften seine Flügel zu kleinen Stummeln, sein einst buntes Gefieder verfärbte sich braun, ihm wuchsen kräftige Beine und ein langer Schnabel, damit er im Erdreich wühlen und sich ab und an nach seiner anstrengenden Arbeit erschöpft darauf abstützen könnte.

Als Lohn für dieses Opfer, so die Māori, sei der Kiwi der beliebteste und der nützlichste aller Vögel geworden, ein Schutzgott der Bäume und damit der Beschützer des Lebensraums aller Vögel.

Der Kiwi besetzt in der Tat eine ähnliche ökologische Nische wie unser Igel. Dank seines langen gekrümmten Schnabels, seiner zum Scharren im Waldboden hervorragend ausgeprägten Beine und seines ausgezeichneten Geruchssinns verzehrt er jeden Tag massenhaft Insekten, Würmer und kleine Käfer. Seine Nasenlöcher sitzen verblüffenderweise am Ende des Schnabels – ein in der Natur einmaliges anatomisches Phänomen.

Der weltweit kleinste aller Laufvögel kann seine Ahnenreihe biologisch einwandfrei auf den gigantischen Moa zurückführen.

Als weiteres Argument für seine Beliebtheit erzählen die Neuseeländer deshalb gern, dass der kleine Vogel als Wunder der Evolution eben auch den großen Moa überlebt habe und so zu den wenigen einheimischen Tierarten gehöre, die in Neuseeland noch nicht ausgestorben sind.

Der wahre Grund jedoch, wie der kleine Kiwi zum nationalen Symbol der Neuseeländer wurde, ist weitaus profaner. Im Jahr 1906 entwickelte der australische Schuhcremefabrikant William Ramsay eine neuartige Hartwachscreme zur Schuhpolitur und gab ihr, zu Ehren seiner neuseeländischen Frau Annie Elizabeth, den Namen *Kiwi*, einfach weil seine Frau die kleinen Vögel so sehr mochte. Die Silhouette des gebeugten Vogels passte als Logo wunderbar auf den runden Deckel der Schuhcremedosen, und der kurze, einprägsame Name erwies sich als unschlagbar nützlich fürs weltweite Marketing. Die *Kiwi Boot Polish Black*, die wasserbeständige schwarze Schuhcreme, wurde von neuseeländischen Soldaten in beiden Weltkriegen zur Pflege ihrer Stiefel, Schuhe und Pferdesättel benutzt. Die britischen und später die amerikanischen Soldaten nannten ihre Verbündeten aus Neuseeland deshalb fortan nur noch Kiwis. Eine Bezeichnung, die sich weltweit für Neuseeländer durchzusetzen begann. Die durch die Markenbezeichnung *Kiwi* herbeigeführte Identifikation mit dem kleinen buckligen Vogel ging beim Militär sogar so weit, dass sich die *Royal New Zealand Air Force*, die Luftwaffe Neuseelands, einen kleinen Kiwi als Hoheitszeichen für ihre Flugzeuge wählte.

Amüsant, ein flugunfähiger Vogel wird zum Symbol einer nationalen Air Force, und alles nur, weil sich *Kiwi Boot Polish* als weltweite Marke durchsetzte. Somit ist Neuseeland wohl das einzige Land auf der Welt, dessen Identitätsfindung sich auf die Verwendung einer Schuhcreme zurückführen lässt.

Schräge Vögel II: Kakapo

Der wohl größte Freak im neuseeländischen Tierreich ist ein zu Übergewicht, Trägheit, sexueller Unlust und Eigenbrödlertum neigender, nachtaktiver, flugunfähiger Papagei namens Kakapo. Die aufgezählten Eigenschaften beziehen sich allerdings nur auf das Männchen. Die Weibchen müssen für die ausgeprägte Egozentrik dieses zu allem Überfluss auch noch untreuen Vogels biologisch und charakterlich alles in die Waagschale werfen, damit die Art überhaupt fortbestehen kann.

Denn was macht der dickste flugunfähige Papagei der Welt, wenn er einem seiner ärgsten Feinde, einem Marder oder einer Katze, gegenübersteht? Er erstarrt. Für eines der seltensten Tiere der Welt ist dies sicherlich eine stockdämliche Strategie, die ihn im Gefahrenfall zu einem der hilflosesten Vögel auf dem Planeten macht und zu einer todsicheren Beute. Eine Strategie, die allerdings früher, als es noch keine ihm gefährlichen Säugetiere auf Neuseeland gab, durchaus sinnvoll war. Da die Kakapos einst nur den Haast-Adler fürchten mussten, blieben sie bei Feindsichtung einfach ruhig stehen. *Stopp, freeze position!* Ihr grünes Federkleid war ihnen, eingebettet in einen ebenso grünen Urwald, Tarnung genug.

Die Reste seiner Flügel benutzt der Kakapo heute allein zum Balancieren oder dazu, einen Sprung oder Fall von einem Ast fallschirmartig abzubremsen. Fliegen ist, biologisch gesehen, eine ziemlich aufwendige Angelegenheit, denn Fliegen kostet Energie. Aber Sex kostet auch Energie. Die Evolution, die normalerweise auf energiesparendes Design und Billigbauweisen ohne großen Materialaufwand Wert legt, protzt, wenn es um geschlechtliche Statussymbole geht, was das Zeug hält. Doch der auf Effizienz getrimmte, flugunfähige Kakapo verzichtet auf sämtliche Angeberversuche wie bunte und lange Federn, die beim Fliegen eher hinderlich sind.

Wenn die Paarungszeit anbricht, sucht sich das Männchen ein steiniges Gebiet auf einer Anhöhe aus, wo die Akustik besonders gut ist und von wo aus sein tiefer, brummender Balzton auch für entfernte Weibchen gut zu hören ist. Der Kakapo presst dabei über zwei Luftsäcke einen enorm tiefen Ton in die Wälder, der bis zu fünf Kilometer weit schallt. Das macht er acht Stunden lang, jede Nacht, über hundert Tage im Jahr. Allerdings haben diese tiefen Töne, so weit sie auch zu hören sind, einen für die Fortpflanzung ganz entscheidenden Nachteil. Sie sind aufgrund ihrer tiefen Frequenz von den Weibchen nicht besonders gut zu orten.

Douglas Adams, dessen Buch »Per Anhalter durch die Galaxis« ich einst verschlungen habe, war meines Wissens der einzige Prominente, der Mitte der 80er-Jahre, mit einer Sondergenehmigung ausgestattet, die abgeschiedenen Inseln besuchen durfte, auf denen die allerletzten Kakapos dieses Planeten lebten. Die Zahl der Kakapos war nach der Landung der Polynesier und Europäer von geschätzten hunderttausend Vögeln auf nur noch zweiundzwanzig Tiere im Jahr 1986 zurückgegangen. Die neuseeländische Regierung versprach sich vom Besuch des prominenten Autors einen Gewinn für die bedrohte Tierart, und das hat zweifelsfrei gut funktioniert. Denn amüsant wie kein anderer vor oder nach ihm fasste Douglas Adams in seinem überaus unterhaltsamen Buch »Last chance to see« (auf Deutsch: »Die Letzten ihrer Art«) sowie in zahlreichen kabarettreifen Vorträgen zusammen, was das eigentliche Sexualdrama dieses seltsamen Papageis ausmacht:

»Angenommen, die tiefen Rufe eines paarungsbereiten Kakapo treffen irgendwo tatsächlich auf die Ohren eines Weibchens, was sie wahrscheinlich nicht tun, angenommen, dieses Weibchen findet Gefallen an den werbenden Tönen, was sehr unwahrscheinlich ist, angenommen, das Weibchen kann herausfinden, woher diese Töne kommen, was ihm wahrscheinlich nicht gelingt; wenn das Weibchen all diese Schwierigkeiten überwunden hat und wirklich das werbende Männchen findet, kann es sich nur dann mit ihm paaren, wenn ein ganz bestimmter Baum, der Podocarp-Baum, Früchte trägt, was allerdings nur alle zwei Jahre der Fall ist.«

Nun, was den Podocarp-Baum betrifft, irrt Douglas Adams. Nicht der Podocarp-Baum trägt die Schuld, sondern die nur alle fünf (!) Jahre Früchte tragende Südbuche. Auf diese Früchte ist das Kakapo-Weibchen während ihrer Aufzucht angewiesen. Der Kakapo kann sich prinzipiell also nur alle fünf Jahre paaren.

Trotz des kleinen Irrtums verhalf Douglas Adams dem Kakapo mit seinem Buch nicht nur zu großer Popularität, sondern trug auch wesentlich zu dessen Rettung bei. Inzwischen gibt es auf drei für Raubtiere unzugänglichen Inseln wieder 124 registrierte Tiere (im August 2013). Während sich Douglas Adams bei seiner Schilderung des skurrilen Paarungsverhaltens vor allem auf die Machenschaften des Männchens fixiert, das in seiner selbst gebauten Grube nur beständig sein Ego bläht, sind es allerdings die Weibchen, die teils kilometerweit zu diesen Balzarenen wandern müssen. Für sie beginnt, nachdem sie sich für ein Männchen entschieden und sich mit ihm gepaart haben, eine ausgesprochen hektische und anstrengende Zeit. Die Kakapo-Dame muss ein Nest bauen, Futter suchen und die Küken großziehen – alles ohne Mitwirkung des noch monatelang balzenden Männchens, das keine Kralle rührt und keinerlei Interesse an Bindung zeigt. Und zu allem Überfluss muss das Weibchen diese Arbeit als flugunfähiger Vogel auch noch zu Fuß erledigen.

Es stellt sich die Frage, wie ein Vogel, der sich auf so katastrophal komplizierte Art vermehrt, überhaupt so lange überleben konnte. Die Antwort lautet: Gerade weil der Kakapo keine Feinde hatte, konnte er sich den Luxus leisten und über Jahrtausende diesen verrückten, langsamen Paarungsablauf herausbilden. Das Reproduktionsverhalten der Kakapos diente allein dazu, eine Überbevölkerung zu vermeiden und die Population stabil zu halten – und dazu kamen die selbst auferlegten Komplikationen gerade recht.

Der männliche Kakapo war der erste Vogel, der den tieferen Sinn Neuseelands völlig verinnerlicht hatte und genau das tat, wofür diese Inseln einst geschaffen waren: sich total zu entspannen, sich gemütlich und stressfrei zu vermehren, alle unnötige Anstrengung einzustellen und sich darüber zu freuen, dass es keine giftigen Schlangen und Raubtiere gab. Bis dann die Menschen auf ihren Wakas und Schiffen kamen und mit ihnen die Ratten, Wiesel und Katzen, die den Kakapo, der nur die *freeze position* als Strategie erlernt hatte, zum hilflosesten Vogel dieser Welt machten.

(Die drei Inseln, auf denen heute die letzten 126 Kakapos (Stand: Dezember 2014) der Erde angesiedelt wurden, heißen Codfish Island, Anchor Island und Little Barrier Island. Auf der Webseite der Kakapo Recovery werden gelegentlich Termine veröffentlicht, an denen die seltenen Vögel der Öffentlichkeit präsentiert werden.)

Ein lebendiges Fossil mit drei Augen

Als Henry zum ersten Mal Vater wurde, war er 111 Jahre alt. Und um diese Alterszahl so richtig zu unterstreichen, bekam Henry genau elf Kinder. Was wie der Anfang eines Märchens klingt, ist die wahre Geschichte eines neuseeländischen Tierstars, einer Brückenechse namens Henry, der seine Freundin jahrzehntelang ignorierte, sie gar bedrohte, dann aber, auf seine alten Tage, doch noch dem Charme der achtzigjährigen Echsenfrau Mathilda verfiel. Diese Lovestory ist deshalb so wichtig, weil Henry und Mathilda vom Aussterben bedroht sind und weil sie zu den einzigen und letzten Vertretern einer Reptiliengattung zählen, die einst im Trias, der Zeit der Dinosaurier, die ganze Erde bevölkerten.

In der Klassifizierung der Nachfolger der Dinosaurier gibt es fünf Königreiche. Das der Krokodile, das der Schildkröten, das der Schuppenkriechtiere (zu denen neben allen Schlangen auch die Geckos, Eidechsen und Leguane gehören), das der Vögel und, als fünftes Königreich, das des nur in

Neuseeland beheimateten Tuatara. Der Tuatara ist der einzige Vertreter des Tierreichs, dem es gelungen ist, sich über 220 Millionen Jahre aus der Prähistorie in die Neuzeit zu retten. Und so sieht dieses von Biologen als Brückenechse klassifizierte Tier denn auch aus. Neben dem markanten kantigen Schläfenbogen und dem urzeitlich anmutenden Rückenkamm aus hochgestellten Stachelschuppen ist es vor allem ein zusätzliches Sinnesorgan, das die Besonderheit dieses prähistorischen Tieres ausmacht. Denn die Echse Tuatara hat ein drittes, allerdings winziges Auge. Dieses dritte Auge, das sogenannte Scheitelauge, diente einigen prähistorischen Wirbeltieren früher als Lichtmesser, um Helligkeitsunterschiede schneller wahrzunehmen. Als Relikt aus uralter Zeit ist das Scheitelauge nur bei ganz wenigen anderen Tieren erhalten geblieben, wie beispielsweise bei einer in Nordamerika beheimateten Chamäleonart und einem ebenfalls dort vorkommenden Ochsenfrosch. Während sich bei allen Säugetieren, also auch bei allen Vorfahren des heutigen Menschen, das dritte Auge sehr frühzeitig zurückgebildet hat und allenfalls Esoteriker heute in der Zirbeldrüse noch ein Überbleibsel des »dritten Auges« erkennen wollen, ist es beim Tuatara Henry und allen anderen neuseeländischen Brückenechsen tatsächlich noch gut ausgebildet. Samt Netzhaut, Linse und Sehnerv – allein die Blende des Auges, die Iris, ist nicht mehr vorhanden, weil Tuataras für die Lichtmessung keine Tiefenschärfe brauchen.

Wer Henry, den Urenkel der Dinosaurier, oder seine Nachkommen in Neuseeland sehen möchte, muss dafür keine Sondergenehmigung für vorgelagerte, von Raubtieren befreite Inseln einholen. Man kann die Tuatara im Southland Museum in Invercargill, ganz an der Südspitze der Südinsel, besuchen. Tuataras gehören für Biologen heute zu den interessantesten Tieren überhaupt, die allerdings noch längst nicht sämtliche Geheimnisse preisgegeben haben.

Das Geheimnis allerdings, wieso der über Jahrzehnte hinweg so aggressive und abweisende Kleindinosaurier Henry sich letztlich doch noch seiner Herzensdame zuwandte, konnte inzwischen gelüftet werden. Eine kleine Krebsgeschwulst hatte sich unter seinem Bauch gebildet, und als diese entfernt wurde, hatte Henry von einer Minute auf die andere nur noch Echsendamen im Kopf. Eine Persönlichkeitstransplantation nennt Lindsay Hazley, die Kuratorin des Southland Museum, dieses Phänomen und hofft nun darauf, dass sich Henry fröhlich bis in das für ein lebendes Fossil jugendliche Alter von 130 Jahren paaren möge.

Schräge Vögel III: der Pukeko

Einer meiner Lieblingsvögel schreitet durch Neuseeland, als ob das ganze Land aus einer einzigen, spiegelglatten Eisfläche bestehen würde – dabei ist dieser bunte Vogel mit seinem ausgeprägten Schnabel eigentlich im Sumpf zu Hause. Dem festen Untergrund scheint er nicht zu trauen, weshalb er sich wie in Zeitlupe slapstickartig über die Straßen bewegt, ein Bein vorsichtig und lang nach vorn ausstreckt und seine Füße völlig lächerlich anhebt, wie Karl Valentin eben. Diese clowneske Art der Fortbewegung hat eine neuseeländische Energiegesellschaft auf die Idee gebracht, einen realen Pukeko zur Werbefigur zu machen. Mutter Pukeko und ihre putzigen, noch in dunkles Federkleid gehüllten Kinder marschieren ins Wohnzimmer, wo Mutter Pukeko mit dem Schnabel an der Schnur einer Lampe zieht und das Licht ausmacht.

Viele Neuseeländer dachten, der Werbeclip sei mit Tricktechnik erstellt worden, dabei handelte es sich um einen echten dressierten Pukeko. Die Vögel können nämlich außerordentlich geschickt auf einem Bein stehen und das andere wie eine Hand für die verrücktesten Dinge benutzen. Sie können nämlich sogar mit ihrem Fuß Grashalme greifen und sich diese wie eine Salzstange Stück für Stück in den Schnabel schieben.

Man hat herausgefunden, dass Pukekos nicht paarweise, sondern im Clan zusammenleben. Dabei kommt es aber häufig zu einem verwirrenden Stelldichein in der Paarungszeit. Denn nun springen Männchen auf Männchen, Weibchen auf Weibchen, gern auch einmal alle auf einen oder alle durcheinander. Auf irgendeine Art klappt es dann doch mit dem Nachwuchs, wobei sich natürlich die Pukekomutter nicht immer an den Erzeuger erinnern kann und Pukekos auch häufig vergessen, wer das Ei gelegt hat. Aber das ist bei diesen schrägen Vögeln alles kein Problem, denn der Clan sorgt gemeinsam für die Aufzucht und wechselt sich beim Brüten ab. Jeder kommt mal an die Reihe, immer reihum, dann gibt es keine Probleme mit dem Nachwuchs. Die Tanten und Onkels füttern die verwirrten Kleinen, die nicht wissen, wer ihre Eltern sind, und natürlich in der Paarungszeit nachmachen, was sie vorher gesehen haben: hemmungslosen Gruppensex.

Die dunkle Seite

Auf dem Wildfoods Festival in Hokitika sind mir zum ersten Mal Sandfly-Burger angeboten worden; »die Rache des Menschen«, lautete der Untertitel dieser geschmacklich eher durchwachsenen Spezialität. Sandflies gehören, genau wie Possums, zur dunklen Seite Neuseelands. Für manche sind sie das personifizierte Böse schlechthin, die Neuseeländer nennen sie einfach nur *pest*. Schädlinge.

Wie sehr Sandfliegen auch früheren Siedlern und Entdeckern zugesetzt haben müssen, kann man an den bezeichnenden Namen erkennen, die Kapitän John Lort Stokes 1851 einigen neuseeländischen Buchten im Doubtful Sound verliehen hat und die bis heute auf den Karten des Landes nicht getilgt wurden. So gibt es sowohl den *Venom Point*, den Punkt der Bosheit, als auch die *Sandfly Bay* und den *Bloodsuckers Sound*.

Die Stiche der Sandfliegen können noch Tage danach »tierisch« jucken. Am besten ist es, den Sandflies immer dann wenig Angriffsflächen zu bieten, wenn sie vermehrt auftreten, also an Flussläufen, Seen und am Strand. Im Fjordland, am Milford und Doubtful Sound habe ich große schwarze Wolken dieser stechenden Plagegeister gesehen. Jeder Tramper, der in Neuseeland unterwegs war, kann seine ganz eigenen Sandfliegengeschichten erzählen. Ich möchte zu gern wissen, auf wie vielen Fotos von Neuseelandreisenden hundertfach zerstochene Beine zu sehen sind. Als ich bei einem Tramping durch den Busch im Westland der Südinsel meiner Begleiterin Petra aus England das martialische deutsche Wort *zerstochen* erklärte, musste sie lachen. »Ihr Deutschen bringt es auf den Punkt. Ich kannte bislang nur das Wort gestochen, aber zerstochen passt für diese schwarzen Ungeheuer viel besser.«

Außer langen Hosen, Strümpfen und langärmligen Hemden gibt es leider kaum einen weiteren sinnvollen Schutz und schon gar keine Wundermittel gegen die Sandfliegen. Angeblich soll dick auf die Beine aufgetragenes Marmite vor ihren Stichen schützen. Aber stellen Sie sich einmal teure, teerartige Hefepaste auf behaarten Männerbeinen vor.

Ein einziges Mittel gegen die Sandflies scheint es dann doch zu geben. Der Schauspieler Ian McKellen (Gandalf, Magneto), den ich in Wellington kurz in einem Café ansprechen durfte, bestätigte mir, beim Dreh von »Lord of the Rings« tatsächlich niemals von einer Sandfly gestochen worden zu sein. So hätte er es ja auch im »Lonely Planet« geschrieben. Er habe bereits mit jungen Jahren mit dem Zigarettenrauchen angefangen, auch am Set noch beständig vor sich hingepafft, das Rauchen inzwischen aber aus gesundheitlichen Gründen eingestellt. Eine Entscheidung, die er nach seiner ersten Begegnung mit den Sandfliegen später bereut habe, denn Tabakqualm sei eines der besten Mittel, um die Plagegeister zu vertreiben.

Possums

»*You kill it – we grill it*«, so heißt es in manchem Restaurant auf der Südinsel. Gemeint sind Possums, die frisch überfahren von der Straße gekratzt und dann gleich vom Chef de Cuisine gebacken oder gegrillt werden. Auch das Gericht »*Guess the mess*« findet sich auf so mancher Karte, und wer raten möchte, welches Durcheinander sich auf seinem Teller befindet, kann absolut sicher sein, Possum ist eine der Hauptzutaten. Auch bei einem reichlich mit würziger Minzsauce präsentierten Gericht namens »Waldhühnchen« sollten Sie vorsichtig sein.

Eigentlich sind Possums niedliche australische Beuteltiere, die in jedem anderen Land im Streichelzoo landen würden. Doch die Anzahl der wegen ihres dichten, weichen Fells 1837 importierten Nutztiere übersteigt mittlerweile die der neuseeländischen Schafe bei Weitem. Possums fressen sich ungehemmt durch die üppige neuseeländische Vegetation und entwickeln dabei eine ausgeprägte Vorliebe für die frischen Triebe der einheimischen Baumarten. Über achtzig Millionen Possums machen sich seit anderthalb Jahrhunderten über die Triebe der Rata-, Totara- und Kowhai-Bäume her und plündern mit Begeisterung Vogelnester, wobei sie sowohl die Eier als auch die Küken auf ihrem Speisezettel haben. In einer einzigen Nacht verspeisen die Possums landesweit Millionen Tonnen an Vegetation. Außerdem verbreiten sie Tuberkulose und sind bei Jägern verhasst, weil sie die Wildschweine kontaminieren.

Gründe genug, ihnen mit Gift und Fallen den Garaus zu machen. In Australien und anderen Ländern ist das Tier geschützt. Also gibt es weltweit nur in Neuseeland den Beruf des Possum Hunter. Ein durchaus einträgliches Geschäft, wie ich feststellen konnte. Als ich zum ersten Mal in der Wildnis einem Possumjäger begegnet bin, hingen bereits einige Tiere mit dickem Fell kopfüber auf einer Wäscheleine vor seiner Hütte. Die Trapper sind vor allem in der Zeit von Juni bis November unterwegs. Das Fell der Possums wird mit Merinowolle versponnen, und die daraus entstehenden Pullover und Schals sind tatsächlich unglaublich weich. Als wahrer Verkaufshit haben sich die Possumfell-Nippelwärmer herausgestellt: zwei runde kleine, nur durch eine dünne Schnur miteinander verbundene Possumfellstücke, die als sexy Outfit oder (ohne Schnur) als BH-Einlage nicht nur auf diversen Festivals getragen werden.

Letztlich gelingt es jedoch nicht jedem Possum, als Nippelwärmer Karriere zu machen. Das Fleisch der meisten Tiere endet entweder in Restaurants oder in Aluminiumdosen im Supermarkt, wo es als *Possyum*, als Hundefutter, verkauft wird. Aber ab und an, wenn die niedlichen, possierlichen Tiere mit ihren hübschen runden Augen und ihrem weichen Fell etwas wirklich Sensationelles anstellen, haben sie dann immerhin noch die Chance, auf den Titelseiten neuseeländischer Medien oder auf YouTube zu landen. Wie jenes freche Possum, dem es gelungen war, in eine Bäckerei einzudringen und sich den kleinen felligen Wanst so dermaßen mit Croissants und Kuchen vollzufuttern, dass es sich nicht mehr bewegen konnte und so am Morgen darauf mit fetter Plauze in Rückenlage zum Internetstar und Medienhelden wurde.

(Weitere dunkle Seiten Neuseelands finden sich u. a. ab der Seite 107 unter »The other side I + II«.)

Neuseelands grünes, feuchtes Herz

Manchmal muss man einfach abtauchen, um Atem zu holen. Und es gibt da einen Ort der völligen Stille, ohne Handy, ohne Laptop, ohne Batterien, ohne Strom. Einen Ort, an dem nur das pochende Blut in den Adern Geräusche macht. Ich tauche jedes Jahr ab an diesen Ort an der Westküste der Südinsel, schleiche so lange durch den Busch, bis ich meine Unruhe wie eine Schlangenhaut zwischen den Farnen auf dem dunklen Waldboden abstreifen kann. Ich lege mein Wanderbündel auf die warme Erde und bette mich auf das satte Grün zwischen die flechtenbewachsenen Tuatara-Bäume, schaue verträumt den Luftwurzlern zu. Mein Blick vermag kaum durch dieses chaotische feuchtgrüne Gewickel und Gewirre zu dringen, bleibt immer an einer der Schlingpflanzen hängen oder an einer wie vom Sturm in die Luft gepeitschten Girlande. Von der Peripherie des Waldes zieht ein ganz leichtes, feines Sirren durch die Luft, so als wären hier Tausende zarte elektrische Drähte gespannt. So als würden Zikadenwolken langsam über die Baumwipfel ziehen und bedächtig ihre Flügel reiben. Dann wieder Stille.

Ich bin von einem Rauschen durchströmt und höre den Schrei eines mir unbekannten Vogels. Wie bewachsene Finger strecken sich die Blätterwerke der Bäume nach oben, um die schweren Wolken der Tasmanischen See vom Himmel zu pflücken. Auf den Ästen der Bäume die trickreichen Aufsitzer, die Epiphyten, die selbst keine Wurzeln mehr brauchen und sich vom Waldboden völlig unabhängig gemacht haben. Mein Busch, mein Dschungel, die reale Regenfalle. Keine leeren Versprechungen, etwa auf Walflossen, die sich gleich aus dem Meer türmen werden, sondern pure Realität. Die Luft macht satt. Schmeckt feucht und warm.

Es werde Licht

Wenn die Schöpfereltern es zu toll treiben, sollten deren Kinder einschreiten. Nach dem Schöpfungsmythos der Māori müssen Himmelsvater *Ranginui* und Mutter Erde *Papatuanuku* es in ihrem Pantheon ziemlich wild getrieben haben, denn in engster Umarmung liegend zeugten sie in völliger Dunkelheit über Äonen hinweg einen Spross nach dem anderen, deren Unzufriedenheit aufgrund der zunehmenden Enge natürlich immer größer wurde. Die Nachkommen, übrigens ausnahmslos Söhne, begannen lebhaft zu diskutieren, wie sie dem Treiben der Eltern ein Ende machen könnten, außerdem versuchten sie sich vorzustellen, wie sie wohl bei Licht aussehen würden. Der bereits geplante Mord an den Eltern konnte letztlich von Tāne Mahuta, einem Kauri-Baum, dem kräftigsten der Söhne, abgewendet werden. Ihm gelang es, die eng umschlungenen Eltern auseinanderzudrängen und Vater Himmel für immer nach oben zu befördern. Der Herr des Waldes, wie dieser Baumriese von den Māori genannt wird, presste dabei seinen Kopf und seine Schultern gegen die Mutter Erde und stieß mit seinen Füßen den Vater Himmel Stück für Stück nach oben. Und endlich fiel Licht auf die Welt.

Buddeln für die Zahnprothesenhaftcreme

Und da steht er also, Tāne Mahuta, der größte noch lebende Baum Neuseelands, im Waipoura Kauri Forest, im äußersten Norden des Landes. Einer der letzten immergrünen Nachkommen eines sich einst über die gesamte Nordinsel erstreckenden tropischen Regenwaldes.

Als ich mich das erste Mal an diesen 51 Meter großen Riesen anlehnte, bekam ich Tränen in die Augen. Kaum zu glauben, dass auch dieser Gigant beinahe den Sägen der Zivilisation zum Opfer gefallen wäre. Erst nach heftigen Protesten von Umweltschützern durfte er 1952 seine Baumkrone weiter in Richtung Himmelsvater strecken. Die langsam erwachende grüne Bewegung erlaubte bald grundsätzlich keine weiteren Rodungen der Kauri-Wälder mehr, und die Regierung stellte den Riesenbaum, nach zähem Ringen, unter Naturschutz. Wahrscheinlich fiel dieser Beschluss vielen Neuseeländern deshalb so schwer, weil das Kauri-Holz über anderthalb Jahrhunderte hinweg ein enormer Exportschlager Neuseelands gewesen war. Der Kauri-Baum, die zweitgrößte Baumart der Welt, dessen Exemplare bis zu 4000 Jahre alt werden, war nicht nur Holzlieferant, sondern auch sein Harz war weltweit begehrt. Zwischen 1850 und 1950 wurden fast eine halbe Million Tonnen der Substanz exportiert und als Firnis verwandt, einem Vorgänger der Lacke. Tausende von sogenannten Gumdiggern gruben Tunnel ins Erdreich, um die fossilen Klumpen des kostbaren Baumharzes zutage zu fördern. (Erst in jüngster Zeit wurde bekannt, dass viele dieser erfahrenen neuseeländischen Gumdigger im Ersten Weltkrieg auch an der Westfront als Kanonenfutter und für den Bau von Schützengräben und unterirdischen Höhlen eingesetzt wurden. Um sich beim Graben der langen Tunnel während des Krieges besser orientieren zu können, gaben die Gumdigger den einzelnen Tunneln die Namen neuseeländischer Städte.)

Das Kauri-Harz wurde ursprünglich von den Māori, in Flachs eingewickelt, als Fackel und später dann auch als ritueller Kaugummi verwendet. Ein europäischer Bischof kam überraschenderweise im 19. Jahrhundert in den Genuss dieser besonderen Spezialität, als er von einigen Māori in ihr Dorf eingeladen wurde. Der Häuptling nahm ein dunkles Stückchen Kauri-Gum aus einem alten Kästchen, kaute eine Weile darauf herum und reichte es dann weiter. Der Bischof, so ist es überliefert, machte tapfer mit, bis das gute Stück rituellen Kaugummis am Schluss dann wieder im heiligen Kauri-Kästchen verschwand. Ein cleverer neuseeländischer Geschäftsmann machte sich die knautschigen und zugleich klebrigen Eigenschaften des aus den Rissen der Kauri-Rinde austretenden Harzes schließlich zunutze, indem er es als Zahnprothesenhaftcreme vermarktete.

Bushman's Toilet Paper

An dieser Stelle sei auf eine Erfindung der neuseeländischen Pflanzenwelt verwiesen, die für all diejenigen, die mal schnell im Busch verschwinden müssen, durchaus eine Wohltat sein kann. Der Rangiora oder *Brachyglottis repanda* ist ein endemisch in Neuseeland vorkommender Strauch, der in allen Wäldern des Landes zu finden ist. Seine großen und weichen Blätter erweisen sich für bestimmte Aspekte der Körperhygiene als ideales Hilfsmittel, und die Neuseeländer haben dem Strauch aus diesem Grund auch den Namen *Bushmen's Friend* oder *Bushman's Toilet Paper* verliehen. Die samtigen Blätter sind gut zu erreichen. Naturschützer verweisen darauf, dass man die Blätter nicht unbedingt abreißen muss, wenn man sie verwenden möchte, da die Stängel sehr nachgiebig sind. Einfach ans Hinterteil ziehen und den Busch am Leben lassen. *Brachyglottis repanda* erweist sich als ideales Dschungelpapier, dessen grau-grüne Blätter mit einer weißen, weichen Unterseite ausgestattet sind und deren feine Härchen wie ein dünnes Fell wirken. Die Māori, die diese Pflanze *Pukapuka* nennen, verweisen auch auf ihre große medizinische Wirkung als Heilmittel bei Rötungen, Hautreizungen und Wunden. Die verblüffende Kombination von samtweichem Hygienepapier und wundpflegender Wirkung wird von Hygieneforschern weltweit in Laboren erforscht. Doch ist es ihnen bislang noch nicht gelungen, ein Produkt herzustellen, das eine ähnlich hervorragende Qualität wie die von *Bushmen's Friend* besitzt.

Dunkelbunte Regentage

»Liebe dich selbst, dann können dich die anderen gerne haben«, sagt Horomona Horo, der Māori-Musiker. Er liebt den Regen. Er kennt die alte Kunst des Regenmachens und tausend andere Künste. So die, eine Muschel zu spielen, um günstige Winde fürs Segeln herbeizulocken, außerdem kann er die Stimmen der flugunfähigen Buschvögel, des Weka und des Takahe, täuschend echt nachahmen. Horomona gewährt mir Einblicke in Neuseelands feuchtes Herz. Den Regen allerdings braucht er nicht anzulocken, denn in seiner Heimat Neuseeland regnet es weit mehr, als ich gedacht habe.

Horomona kann das Prasseln des Regens mit einem *Rainstick* nachahmen, einem hohlen Holzstab, der innen mit feinsten Steinchen gefüllt ist. Wenn es draußen zu regnen beginnt, hat Horomona sofort gute Laune. Er geht dann hinaus, um mit den Tropfen zu tanzen.

Die offiziellen Werbeträger des neuseeländischen Touristenverbandes sehen allerdings keinen Regen vor. Auf den Plakaten in den Korridoren der Zentrale in Wellington hängen Poster, die sonnige Südseebilder zeigen. Sattblauer Himmel, keine einzige Wolke. Neuseeland als immerwährend strahlender Ort. Von Regen kein Bild, kein Wort, keine Spur.

Wieso bloß? Wäre Neuseeland ein Land ohne Wolken, könnte man es doch gleich Australien nennen. Die Zukunft des großen Nachbarn Australien nämlich sieht trocken aus. Sehr trocken. Was Neuseeland zu viel an Wasser und Regen hat, hat Australien zu wenig. Die Lage dort ist verheerend, das Land trocknet aus. Trockenperioden und Hitzewellen wie die der vergangenen acht Jahre hat man seit dem Beginn der Wetteraufzeichnungen vor 120 Jahren noch niemals erlebt. In den letzten Sommern erreichten die Temperaturen in Australien Rekordwerte: 46,4 Grad zum Beispiel waren es in Melbourne. In Australien weiß man Regenwasser sehr zu schätzen. Vor allem wenn der Busch brennt.

Horomona reist mit mir hinunter an die Westküste der Südinsel Neuseelands, die größtenteils von dichten, immergrünen Regenwäldern überwuchert ist. Im Autoradio läuft ein Lied der Gruppe Crowded House. Der Titel: Vier Jahreszeiten an einem Tag. Der neuseeländische Sänger Neil Finn muss dieses Lied hier im Westen der Südinsel geschrieben haben.

»Four seasons in one day
Lying in the depths of your imagination
Worlds above and worlds below
The sun shines on the black clouds hanging over the domain.«

»Vier Jahreszeiten an einem Tag
Liegen in den Tiefen deiner Erinnerung
Über dir Welten und unter dir Welten
Die Sonne scheint auf die schwarzen Wolken, die über dem Feld hängen.«

Kein Wunder, dass die Māori Neuseeland *Aotearoa* nennen, das Land der langen weißen Wolke. An der Westküste der Südinsel fallen im Durchschnitt an 300 Tagen im Jahr Regentropfen vom Himmel. Horomona nennt sie kleine feuchte Küsse, die der Himmelsvater *Rangi* so oft als möglich auf den lang gestreckten Rücken von *Papa*, von Mutter Erde, plätschern lässt.

Vom Regen in die Traufe, so sagt man im Deutschen. Vom Schlimmen ins Schlimmere, meint man damit. In Venedig sagt man noch drastischer: »Dem Pechvogel regnet es auf den Arsch, auch wenn er sitzt.« Westliche, von regelmäßiger Feuchte verwöhnte Kulturen bringen dem Regen oftmals eine negative Einstellung entgegen. Die jährliche Niederschlagsmenge in Wien liegt im Mittel bei 600 mm. Hamburg liegt mit 775 mm leicht darüber. An der Westküste der Südinsel Neuseelands jedoch fallen durchschnittlich sogar 6400 mm Regen im Jahr. Die regenreichste Großstadt Europas, das norwegische Bergen, wirkt mit gerade einmal 2548 mm angesichts solcher Regenmengen wie ein feuchtes Waisenkind.

Ich schlendere über wuchernde Grünteppiche. Bauschig stauchen sich die Wolken die Luvseite der neuseeländischen Alpen hinauf. Meine Faszination für Regenschauer, Nebelbänke und Wolken kommt beim Tourismusamt in Wellington nicht gut an.

»Wären Sie bitte so nett und würden nicht zu viel über den Regen schreiben?«

Ich streife durch den Busch. Stehe im Sprühregen des Regenwaldes, der hier so streng geschützt wird wie wohl nirgendwo auf der Welt. Ich lerne die exotisch klingenden Baumarten kennen. Rimu, Kowhai, Totara und Kauri. Es wuchert nass und wild. Die Luftwurzeln der Bäume sind dicht mit feuchten Flechten bewachsen. Das moosige Grün des Regenwaldes pflanzt sich in meinem Kopf fest. Ich durchquere mit Horomona kalte Gebirgsbäche, und das Wasser quietscht anschließend beim Gehen noch lange als Echo bei jedem Schritt in den Wanderschuhen.

In Neuseeland, das bekanntlich das Meer bereits im Namen trägt, ist es von keinem Ort aus sonderlich weit bis zur Küste. Das Land der Gletscher, der Sturzbäche, Fjorde, Wolkentürme, Wasserfälle.

»Und vergessen Sie das Fjordland nicht!«, sagt der nette Herr vom Touristikamt.

Ach ja, das Fjordland. Im Fjord Milford Sound regnet es jeden zweiten Tag. Unter einem das Meerwasser des Pazifiks, über einem der sich öffnende Himmel und um einen herum eine einzige Wasserwand aus Wasserfällen. Draußen auf dem Meer sieht man die schiefen lilaschwarzen Strähnen einer gigantischen Wolkendusche.

Auf einem Schiff, das sich rückwärts einem Wasserfall nähert, um im strahlenden Sonnenschein mutigen Hecktouristen eine Wasserfallerfrischung zu gönnen, lerne ich einen Skipper namens Fjord kennen. Fjord macht nichts lieber als stundenlang regennassen Seelöwen auf den Felsvorsprüngen zuzuschauen.

Hier unten atmet man den Regen.

Im neuseeländischen Busch gibt es Pflanzen, die sich in dieses Wasser hineinzurollen scheinen. Die spiraligen Fruchtständer der Silberfarne sind Wasserwickelkünstler. Man nimmt sie in die Hand und kann sie ausdrücken wie einen Schwamm.

Ein Māori erzählt mir von einem Mann, der Regentag heißt. Ich müsse weit in den Norden reisen, um dem zu begegnen, was dieser Mann geschaffen habe. Dort gebe es ein Theater, in dem man Regentag sprechen hören könne. Aber auch eine Toilette, die Regentag erbaut habe.

Eine wunderbare Idee, sich Regentag zu nennen. Ich brauche noch ein paar Minuten, bis ich begreife, dass Hundertwasser gemeint ist. Hundertwasser, was für ein passender Name für das Wunder Neuseeland. Neuseeland, was für ein passender Ort für diesen Hundertwasser.

Wie schön das Moos riecht, nach nassem, sattem Leben. Ich erinnere mich daran, dass Hundertwasser oft nackt auf seinem Boot in der Bay of Islands gestanden und gemalt haben soll, gern auch im Regen.

Am nächsten Morgen knallt die Sonne auf unseren Wagen. Zu seltsam. Der erste Gedanke, der einem in den Kopf schießt, ist der ans Kleidertrocknen. Die nassen Wanderstiefel werden während der Fahrt zum Trocknen oben auf das Dach unter ein Haltenetz gespannt.

Abends am Lagerfeuer unterhalten sich Horomona und ich über meine Reisen nach Marokko und Rajasthan. Eine interessante Variante, sich einfach nach den nassen, kühlen Tagen ein paar wärmende Gedanken zu machen.

Die ersten Siedler

Kia pokai ake ra i te takapau
Tuwhara o te po
Kia whiti mai ano te ra

Die dunklen Decken der Nacht
werden weggerollt.
Wir sehen die Sonne wieder.

»Was du hier an Technologie siehst, ist alles, was die Polynesier gebraucht haben, um eine Fläche zu besiedeln, die größer ist als die Oberfläche des Mondes.«

Peter Phillips, ein Seebär aus Otago, steht vor einem *Waka Horua*, einer Replik genau jener Schiffe, mit denen die ersten Entdecker einst über den Ozean nach Neuseeland gesegelt sind. Genau genommen ist das, was ich sehe, ein Doppelauslegerboot, das mich mit seinen zwei äußeren Bootsrümpfen an einen Katamaran erinnert. Über den Rümpfen erstreckt sich ein achtzehn Meter langes, aber nur fünf Meter breites Deck, wobei alles an Bord durch Kokosfasern zusammengehalten wird, keine Spanten, keine Nägel, keine Schrauben. Das hintere Steuerruder sieht aus wie ein einfaches, langes Holzpaddel. An den beiden schweren Masten flattern zwei dunkelrote Segel, die wir eben per Hand, also ganz ohne Finsch und Kurbel, gehisst haben. Wie auf polynesischen Booten üblich, werden die dreieckigen, sogenannten Deltasegel nach oben hin breiter, ihre Spitze zeigt also nicht in den Himmel, sondern nach unten aufs Deck. Typisch Neuseeland, sogar die Segel stehen hier auf dem Kopf.

Sailing with the Ancestors, Segeln mit den Vorfahren, nennt sich dieses Spektakel, an dem ich mit elf weiteren Besatzungsmitgliedern nun teilnehmen werde. Eine Bootstour nach uralten Spielregeln, bei der man erleben und erfahren kann, wie ein Māori-Waka gesegelt wird und man anhand der Sterne navigiert oder aus dem Vogelflug die Richtung zum nächsten Festland ablesen kann. Die Māori waren in der Lage, die allerkleinsten Inseln punktgenau anzusteuern, in einem Ozean, der zwanzigmal so groß ist wie die Sahara. Das alles ohne Kompass, ohne Sextant oder Chronometer. Und ich möchte gern lernen, wie sie das gemacht haben.

Bevor wir in See stechen, erhalten wir im Hafen von Auckland noch einige Instruktionen und einen Sicherheitscheck. Dabei macht uns Peter Phillips darauf aufmerksam, dass die Sicherheit der Crew natürlich im Vordergrund steht und wir aus diesem Grund doch einige moderne Navigations- und Kommunikationsgeräte (unter anderem GPS) mit an Bord haben. Damit wir auch bei einer Flaute sicher aus dem Hafen kommen, habe man keine Kosten und Mühen gescheut und zusätzlich einige japanische Ruderer unter Deck einquartiert. Ein verblüfftes chinesisches Pärchen besteht darauf, diese armen Rudersklaven in Augenschein zu nehmen und zu fotografieren. Peter Phillips öffnet eine Klappe und zeigt uns schmunzelnd einen PS-starken Yamaha-Motor.

Bevor es auf hohe See geht, übt der Navigator Jack Thatcher mit uns noch ein *Pōwhiri* ein. Ich habe bereits einige dieser Begrüßungrituale der Māori kennengelernt, doch die kraftvollen Gesänge, die Jack nun anstimmt, sind mir neu. Die »Seemannslieder« der Māori dienen dazu, den Zusammenhalt unter der Crew zu stärken, werden aber auch während der Fahrt immer wieder als Anfeuerung eingesetzt, wenn es darum geht, die Hanfseile der Takelage zu straffen und das Segelboot aus dem flachen Wasser einer Bucht zu schieben.

Nach dem stimmungsvollen Chorgesang geht es endlich hinaus auf die See. Während die Skyline und der Hafen von Auckland am Horizont dahinschmelzen, habe ich es mir an der Reling gemütlich gemacht. Die Wellen schlagen im langsamen Rhythmus sanft gegen den Rumpf. Peter und Jack gelingt es, auch die kleinste Brise mit den beiden Segeln einzufangen, und gemächlich gleitet das Boot aus der Bucht aufs Meer hinaus. Man kommt sich vor wie auf einem riesigen Floß, das von einer unsichtbaren Hand sachte nach vorn geschoben wird. Als der Wind kräftiger und die Wellen größer werden, hebt und senkt sich das Deck, als würde das Boot aus- und einatmen. Peter Phillips zeigt uns, wie man einen Reef- und einen Bowline-Knoten fertigt. Wer wie ich seinen Segelschein für Binnengewässer auf dem Berliner Wannsee gemacht hat, wird auf so einer Offshorefahrt in pazifischen Gewässern zwar anfangs milde belächelt, einen Kreuzknoten und einen Palstek bekomme ich aber trotzdem ganz gut hin.

Überraschend und neu für mich ist die Methode, wie man die Geschwindigkeit eines Bootes auf hoher See berechnen kann. Da unser Boot achtzehn Meter lang ist, zählt man einfach die Sekunden, die ein Gegenstand im Wasser braucht, um die volle Bootslänge zu passieren. Peter Phillips lässt uns zählen und berechnet anhand einer Tabelle eine Geschwindigkeit von drei Metern pro Sekunde, was etwa zehn Stundenkilometern entspricht.

Bei unserer Nachttour nach Waitangi in der Bay of Islands lernen wir unser Boot zu steuern und wie sich mit den Krebsscheren- oder Deltasegeln der Polynesier der Wind einfangen lässt. Wir lernen, wie man Kingfish und Snapper fängt und wie man aus den Fischen mit Süßkartoffeln und typischen Māori-Gewürzen ein herrliches Mahl zubereiten kann. Unser zwanzigjähriges Boot heißt *Te Aurere*, was man im Deutschen mit Gischt übersetzen kann. Und wir verstehen auch bald, wieso das Kanu so genannt wird: Die Fahrt auf einem Boot der Māori ist mitunter eine nasse und etwas glitschige Angelegenheit.

Peter Phillips erzählt uns die Sage der Māori, wonach Kupe, der Häuptling von Hawaiki, mit nur zwei Doppelrumpfkanus vor mehr als fünfhundert Jahren im weiten Pazifik einem listigen Oktopus nachgejagt sei. Über Monate hinweg habe er diesen Oktopus verfolgt, bis die mitreisende Frau des Häuptlings Kupe – über zweitausend Kilometer von ihrer Heimat Hawaiki entfernt – plötzlich Wolken am Himmel gesehen habe. Neuseeland, das Land der langen weißen Wolke. Die von Wissenschaftlern Stück für Stück aufgedeckte Wahrheit über die Entdeckung Neuseelands ist für mich allerdings weitaus spannender als diese Sage.

Während in Europa um 1000 nach Christus noch das finsterste Mittelalter herrschte und das Heilige Römische Reich gerade eine neue Pestwelle überstand, kämpften sich irgendwo in den unendlichen Weiten des Pazifischen Ozeans die riesigen Kanus eines polynesischen Stammes durch einen wilden Sturm auf dem Meer.

Die ersten Siedler Neuseelands kamen aus dem pazifischen Raum, aus dem sagenhaften Land Hawaiki. Sie orientierten sich tags am Vogelflug, den Meeresströmungen und den Wolkenformationen und nachts an den Sternen und legten auf diese Art unglaubliche Strecken zurück.

Dort, wo sich die neuseeländischen Bergketten die Wolken vom Himmel fischen, lag es dann vor ihren Augen, ihr Land, Aotearoa. Einen gemeinsamen Namen für sich selbst hatten die Siedler anfangs nicht. Erst nach Ankunft der Weißen nannten sie sich Māori, was nichts anderes bedeutet als »normal«.

Die Geschichte der ersten neuseeländischen Besiedlung ist vor allem eine Geschichte der Sagen und Mythen. Christopher Kolumbus, Ferdinand Magellan oder Kapitän James Cook sind als großartige Seefahrer und Entdecker bekannt. Aber wer kennt schon Kupe, Hotu Matu'a oder Mo'ikeha, die drei legendären polynesischen Entdecker, die schon um 1000 nach Christus weit entfernt liegende Inseln wie die Osterinsel, Tahiti, Hawaii oder aber eben Neuseeland entdeckt haben? Wie gut diese Seefahrer wirklich waren, hat man erst in neuester Zeit vollständig verstanden. Das riesige polynesische Dreieck von der Osterinsel (vor der Küste Südamerikas) über Hawaii (im hohen pazifischen Norden) bis hin zu Neuseeland bildete das Siedlungsgebiet der Südseebewohner, das Abertausende von Kilometern umfasste. Kein anderes Volk auf der Erde hat jemals ein größeres Gebiet besiedelt. Auf Neuseeland landeten die Māori zwischen 1280 und 1350. Man hat, um diesen Zeitraum bestimmen zu können, die Knochen der pazifischen Ratten untersucht, die mit den Auslegerkanus der ersten Māori auf die Inseln gelangten. Auf genau diesen Zeitraum kommt man übrigens auch, wenn man die Generationen zurückrechnet, an die sich die ehemaligen Siedler heute noch erinnern können: Die Māori sind tatsächlich in der Lage, ihre Abstammung bis zur Ankunft ihrer sogenannten Großen Flotte genealogisch zurückzuverfolgen. Ursprünglich, das haben genetische Untersuchungen ergeben, stammten die Siedler wie alle Polynesier aus der Region um Taiwan, immigrierten dann entlang der indonesischen Inseln immer weiter nach Osten und erreichten um 1500 vor Christus schließlich den Bismarck-Archipel. Ihre Reise in den pazifischen Raum führte immer weiter nach Osten zu den Inseln, die man heute als Marquesas und Französisch-Polynesien bezeichnet, dann hinauf nach Norden, nach Hawaii, anschließend nach Südosten, nach Rapanui, der Osterinsel. Danach gelangten die Polynesier bis an die chilenische Küste, bevor Neuseeland als letzte große Landmasse entdeckt wurde. Die Inseln wurden erst 50 000 Jahre nach dem australischen Kontinent besiedelt. Neuseeland ist also ein ganz junges Land.

Mit unserer *Te Aurere* gleiten wir gemütlich, aber dennoch mit stramm gefüllten Segeln Richtung Strand von Waitangi. Peter Phillips erzählt davon, wie er vor einigen Jahren für eine Segeltour von Französisch-Polynesien, dem vermuteten Ursprungsort der Māori, mit genau diesem Kanu nur siebzehn Tage bis zur neuseeländischen Küste gebraucht habe. Ich war immer davon ausgegangen, dass die Māori wesentlich länger unterwegs gewesen wären.

Eindrucksvoll zeigt Phillips uns, wie die Māori ihre Schiffsposition dadurch berechnen konnten, dass sie ihren Arm gegen den Nachthimmel streckten, ein Auge schlossen und die Sterne zwischen dem abgespreizten Daumen und ihren Fingern anpeilten. Einen wolkenfreien nächtlichen Himmel vorausgesetzt, war dies eine einfache, aber verlässliche Methode der nautischen Berechnung. »Meine Vorfahren«, so der Māori-Musiker Horomona Horo, »haben diese Methode der Vermessung das ›Betasten der Sterne‹ genannt.« Neben dieser mathematisch verblüffend exakten Handwerkskunst des Sternenbetastens, die ihren Erfolg dem reichen Naturwissen der Māori verdankt, vertrauten die über den Pazifik navigierenden Siedler zusätzlich auf das Können und die Erfahrung ihrer *Tohunga,* ihrer Magier, Heiler und Musiker, die stets mit an Bord waren. Exakte Erfahrungswissenschaft und Magie gingen bei den Māori anscheinend Hand in Hand.

Unser Kapitän berichtet, wohin überall die *Te Aurere* schon gesegelt ist, und mir bleibt die Luft weg. Dieses einfache Boot hat es bis nach Hawaii geschafft, zu den Cookinseln, nach Französisch-Polynesien, Neukaledonien, nach Norfolk Island, und zu guter Letzt hat es auch die neuseeländischen Inseln noch viermal umrundet. Eine imponierende und unfassbare Wegstrecke, die mich beruhigt und mir den festen Glauben gibt, dass wir auch diesmal den Hafen von Auckland sicher wieder erreichen werden.

Meilensammler Langschwanzkuckuck

An Deck unseres Māori-Boots *Te Aurere* gibt es sieben Schlafkojen, doch die meisten von uns ziehen es vor, nicht in der Versenkung zwischen den Bootsplanken zu verschwinden, sondern den unglaublich klaren Sternenhimmel zu genießen. Als wir am frühen Morgen in der Bucht von Waitangi ankern, erzählt uns Peter Phillips, dass die Māori die Entdeckung Neuseelands einem Vogel zu verdanken haben – was inzwischen auch von Naturforschern und Historikern bestätigt worden ist. Ein Vogel wieder mal! Wie könnte es auch anders sein?

Als die Māori aus ihrer pazifischen Heimat Richtung Neuseeland segelten, entdeckten sie weit draußen über dem Wasser einen Vogel, den sie von ihren pazifischen Inseln her schon kannten. Der von den Māori *Koekoea* genannte Vogel ist der *long tailed cuckoo*, eine langschwänzige Kuckucksart, die auch heute noch in Französisch-Polynesien und Neuseeland lebt. Die Māori wussten, dass der *Koekoea* nicht auf ihren Inseln brütete, sondern sich zu einer bestimmten Jahreszeit auf den Weg Richtung Südwesten machte. Und weil der Vogel sein Nest ja irgendwo an Land bauen musste, brauchten die Māori ihm auf ihrem Weg über das Meer einfach nur zu folgen.

Immer wenn der Wind aus Süden weht, sagen die Māori, beendet der *Koekoea* sein Singen. Sein Lied wird erst dann wieder zu hören sein, wenn der Westwind sich erhebt oder eine Brise aus dem Norden ins Land weht. Niemand kennt den Wind und seine Musik so gut wie diese Vögel, sagen die Māori.

Und dann gibt es da noch eine sehr erstaunliche Übereinstimmung. Ein uneheliches Kind wird von den Māori *He potiki na te koekoea* genannt. Wörtlich übersetzt, heißt das so viel wie: »Abkömmling des Langschwanzkuckucks«. Die bei uns bekannten Kuckuckskinder gibt es also auch in der Sagenwelt der Māori – auf der anderen Seite der Welt.

Das Wörterbuch der Winde

Auch der Musiker und Forscher Horomona Horo kennt die Geschichte der frühen Navigatoren und Seefahrer gut. Er sagte mir: »Wir waren Wasserleser, Wolkenleser, Windleser, Sternenleser. Von unseren Kanus aus lasen die Meereskünstler auf der Wasseroberfläche wie andere Menschen heute in der Zeitung.«

Die Māori kannten und kennen unzählige Windarten und haben zahllose Namen für die unterschiedlichen Winde, die, je nach Temperament, verschiedene Wellenmuster aufs Wasser zaubern. »Auf Wunsch konnten meine Vorfahren die Stürme besänftigen und sogar Wale herbeirufen und mit ihnen kommunizieren«, behauptet Horomona Horo mit ernstem Gesicht.

Wie eng beim Segeln im Pazifik nautische Erfahrung, Musik und mündlich überlieferte Legenden miteinander verbunden sind, kann man heute noch erfahren, wenn man einem modernen Tohunga wie Horomona Horo bei einem seiner zahlreichen Windlieder zuhört. Jeder Windart ist bei den Māori ein eigenes Liedrepertoire zugeordnet, und um einen aufbrausenden Wind zu besänftigen oder eine Flaute zu befeuern, muss man, wie Horomona Horo es ausdrückt, im Wörterbuch der Winde lesen können. Die Musikinstrumente, die der Wind- und Wassermagier der Māori einst auf dem *Waka* bei sich führte, werden *Taonga Pūoro*, singende Schätze, genannt.

Da gibt es zum Beispiel die aus Walknochen, Kauri-Holz oder Jade geschnitzten und reich verzierten *Porotiti,* summende Scheiben, mit denen man säuselnde, sirrende, jammernde und pfeifende Winde nachahmen kann. Je nach Bedarf auf hoher See kann man die Winde mit dem *Porotiti* auch besänftigen oder aufbrausen lassen. Und es gibt das Schwirrholz, eines der ältesten Musikinstrumente der Menschheitsgeschichte, das bereits im Jungpaläolithikum vor 40 000 Jahren verwendet wurde. Die Māori nennen das Schwirrholz *Rangorango,* was übersetzt Schmeißfliege-Schmeißfliege bedeutet und lautmalerisch die sirrenden Geräusche andeutet, die man mit diesem Instrument erzeugen kann. Man schwingt ein flaches, ovales Stück Holz oder Walknochen, das am Ende einer Schnur befestigt ist, so lange im Kreis, bis sich die Schnur verdrillt und ein tiefer, auf- und abschwellender Ton zu hören ist. Da dieser Ton über sehr weite Entfernungen erklingt, wird das Schwirrholz von den Māori auf hoher See auch dazu benutzt, die »Wolkenkinder« und die Tränen des Himmelsvaters Rangi anzulocken und so die Wasservorräte zu füllen.

Um all dies zu erreichen, musste der Tohunga allerdings eine ganz wesentliche Fähigkeit besitzen, die mir Horomona Horo folgendermaßen erklärt:

»*Tāwhirimāte*, die Windstimme oder, wie man in eurer westlichen Mythologie sagen würde, der Gott des Windes, ist eines der Kinder von Vater Himmel und Mutter Erde. Und diese Windkinder sind bis heute nicht mit der räumlichen Trennung der Eltern einverstanden. Also toben sie herum, sind aufbrausend und launisch. Oder sie schlafen, meist ausgerechnet dann, wenn man sie lieber in den Segeln spüren würde. Der Tohunga kennt die Sprachen und die Lieder der Winde. Es ist seine Aufgabe, Mittler unserer Windwünsche zu sein. Dazu muss er ein guter Übersetzer sein. Wenn er sich als schlechter Übersetzer der Windwünsche erweist, macht er sich auf seinem Kanu womöglich keine Freunde …«

Der Häuptling des Wasserbergs

»Auch Sir James Cook, der eigentliche Entdecker Neuseelands, ist vor Missverständnissen nicht gefeit gewesen. Als einige Māori-Krieger ihm zu Ehren einen Haka-Kriegstanz aufführten und dabei, wie bei diesem Tanz üblich, rituell ihre Lanzen hoben, die Zunge herausstreckten und wild mit den Augen rollten, muss dies auf die Mannschaft von James Cook wie ein Angriff gewirkt haben. Seine Männer schossen sofort. Einige Māori wurden dabei tödlich verletzt. Für die Māori war es das erste Mal in ihrer Geschichte, dass sie die seltsamen Feuerlanzen zu sehen bekamen.«

Lawrence Wharerau, der mir diese Geschichte erzählt, ist Archivar im Filmarchiv in Wellington. Lawrence kann seine genealogische Abkunft bis zu dem Vorfahren genau benennen, der von James Cook persönlich das Bein eines

Schweins überreicht bekam. »Ich kann dir sogar den Namen des Hundes von dem Häuptling nennen, der mit dem Waka meiner Ahnen an der Küste Aotearoas gelandet ist.« Wenn Lawrence Wharerau erzählt, rollen die Laute herauf wie eine tief in seinem Inneren verborgene Brandung. Seine sonore Stimme hat ihm bereits einige Aufträge beim Radio und Theater verschafft. Wenn Lawrence erzählt, spürt man, dass er die Erzählkunst der Māori mit der Muttermilch aufgesogen hat. Lawrence gibt das wieder, was sich seine Vorfahren über Generationen hinweg erzählt haben, und durch die Lebendigkeit seines Vortrags glaubt man, selbst Zeitzeuge und Mitglied dieser oralen Kette der Überlieferung zu werden. Die Ankunft der Fremden, ihre Fähigkeit, rückwärts zu rudern, ihre Feuerlanzen und die seltsamen Tiere, vor allem aber der Berg im Wasser müssen, wenn ich die Mimik von Lawrence richtig deute, seinen Vorfahren mächtig imponiert haben. »Da taucht aus dem Nichts dieser Berg im Wasser auf. Für meine Vorfahren konnte es ja nur ein Berg sein oder vielleicht doch eine sich bewegende Insel oder ein riesiger unbekannter Vogel mit mächtigen, weiß geblähten Flügeln. Ein so großes Waka hatten sie noch nie gesehen, und auch ihre Ahnen hatte nichts von einem dermaßen großen Kanu erzählt.«

Der Berg im Wasser, das war die *Endeavour*, mit der Cook am 26. August 1768 von Plymouth in England aufgebrochen war, um südlich von Tahiti nach neuem Land zu suchen. Als der Schiffsjunge Nicholas Young am Nachmittag des 7. Oktober 1769 »Land in Sicht« meldete, hatte James Cook Neuseeland über 120 Jahre nach Abel Tasman »wiedergefunden«. (Der Holländer Tasman hatte seinerzeit zwar die neuseeländischen Inseln entdeckt, diese aber niemals betreten oder kartografiert. Zudem dachte er irrtümlicherweise, es handele sich um die chilenische Küste.) Zu Ehren des Schiffsjungen Young, der ja der eigentliche »Wiederentdecker« war, gab Cook einer Halbinsel in der Bucht, in der sie ankerten, den Namen »Young Nick's Head«, Kopf des jungen Nick.

James Cooks Geheimwaffe, die ihm den Handel mit den Eingeborenen überhaupt erst ermöglichte, war ein junger Polynesier namens Tupaia, den er auf Tahiti an Bord genommen hatte. Dank der Sprachkenntnisse von Tupaia war es der Crew von James Cook schon öfter gelungen, auf entfernten Inseln im Pazifik Nahrungsmittel und Trinkwasser gegen ein paar Eisennägel einzutauschen, die die Polynesier auf den Südseeinseln nicht kannten. Neben seinem Sprachtalent hatte Tupaia noch eine weitere Begabung: Er konnte zeichnen. Einige der schönsten Zeichnungen, die auf den Südseereisen von James Cook entstanden sind, stammen von Tupaia.

»Cooks Männer brachten die Māori nicht nur in Kontakt mit Kartoffeln und Rüben, mit Nahrungsmitteln also, die bis heute aus unserer Küche nicht mehr wegzudenken sind, sondern sie schleppten auch unbekannte Infektionskrankheiten ein, gegen die in den Gärten unserer Medizinfrauen kein Kraut gewachsen war.«

James Cook war zunächst auf der kleineren Nordinsel an Land gegangen. Die nächsten sechs Monate sollte er die gesamte Landmasse, also auch die große Südinsel, vollständig umfahren und kartografieren. Cooks erste Seekarte Neuseelands ist übrigens so gut, dass man heute noch nach diesen Aufzeichnungen um die Inseln segeln könnte. Lediglich zwei Fehler unterliefen dem berühmten Kapitän: Er hielt die Banks-Halbinsel für eine Insel und umgekehrt Steward Island für eine Halbinsel.

»Durch Cooks polynesische Übersetzer Tupaia, Hitihiti und Omai erfuhren wir Māori von der weiten Welt dort draußen. All das, was meine Ahnen bisher nur aus Sagen und Legenden kannten, selbst unsere eigene Heimat

Hawaiki, wurde von Cooks Übersetzern bestätigt. Nur von den Ländern auf der anderen Seite der Erde wie England und Amerika hatten meine Ahnen natürlich noch niemals etwas gehört.«

Das Verhältnis zwischen James Cook und den Māori entspannte sich immer mehr. Auf der ersten Reise trat er den Māori-Häuptlingen gegenüber als Führer auf, den die Götter des Himmels, der Wasser und der Erde erleuchtet und auserwählt hatten. Doch immer wieder gab es Missverständnisse und Schießereien, auch Tote, nicht nur aufseiten der Māori. 1773 wurden zehn Besatzungsmitglieder des Begleitschiffes *Adventure* von den Māori überfallen, getötet und – den Sitten der Māori gemäß – fachgerecht gekocht und verspeist. Sie hofften, das Mana, die Kraft und der Mut der Engländer, werde so auch in ihre Adern übergehen.

Die meisten Māori haben James Cook – übrigens bis heute – bewundert. Sein ruhiges aristokratisches Auftreten ließ ihn, ganz im Gegensatz zum ersten weißen Entdecker Neuseelands, Abel Tasman, in der Erinnerung der Māori als »Häuptling« weiterleben. Um 1930 nannte ihn einer der größten Māori namens Te Rangi Hiroa vor einer Stammesversammlung aller Häuptlinge sogar »Unser Vorfahre Sir James Cook«. Eine größere Ehre kann einem Weißen aus dem Mund eines Māori wohl nicht zuteilwerden.

Kunst und Leben der Māori

Ein Tag im sommerlichen Dezember in Palmerson North. Im Stadtpark habe ich soeben die im Licht schwimmenden silbrigen Büschel der *Toetoe*-Pflanze bewundert, ein wunderbar sphärisches, aber heimtückisches Gewächs. Von den Kindern in Neuseeland wird die Pflanze *Cutty Grass* genannt, weil die Blätter so scharfkantig sind, dass man sich daran schneiden kann. Die Samenköpfe des *Toetoe* werden von den Māori als stillendes Mittel bei Blutungen benutzt, somit liefert die Pflanze quasi die Heilmedizin für Schnittverletzungen gleich frei Haus. Ich frage mich, ob die »Schnittornamentik«, die ich an der Haut von Polynesiern gesehen habe, wohl von diesen Blättern stammen könnte.

Ich habe eine Verabredung mit Horomona Horo, dem Musiker, in einem Café. Er hat einen Filmtag für den Sender Māori TV, aber vorher noch etwas Zeit, um sich mit Freunden zu treffen und einige Dinge klarzustellen. Denn nichts regt Horomona mehr auf als Lügengeschichten über seine Kultur und die gestohlenen Māori-Schrumpfköpfe, die heute in den Museen der Welt zu sehen sind.

Ein Autor hatte seiner Phantasie freien Lauf gelassen und die Kinntattoos, die einige Māori-Frauen bei einem Kriegstanz zur Schau gestellt hatten, falsch interpretiert. Sie sähen, so war zu lesen, von Weitem aus wie herunterlaufendes, geronnenes Blut. Die Frauen hätten wahrscheinlich vor Jahrhunderten mit ihren Männern vor einer Schlacht mit feindlichen Stämmen ihr Kinn tätowieren lassen, um den Feinden einen Schrecken einzujagen.

Horomona muss sich schütteln. Es sei zwar wahr, dass die Frauen ihre Männer in der Schlacht unterstützt hätten, die Erklärung für das Kinntattoo sei jedoch absurd. Die Bedeutung eines Moko, eines Kinntattoos, das in den vergangenen Jahren bei Māori-Frauen wieder sehr in Mode gekommen ist, sei eine völlig andere. Mund und Kinn sind Körperteile, an denen Māori-Frauen traditionell tätowiert sind, da diese Stellen den Atem repräsentieren. Und der Atem steht für das Leben selbst. Die feinen Linien und Muster unterhalb des Mundes sind eine Art Geburtsurkunde, die man ständig mit sich führt und der Welt präsentiert. Ein Māori kann diese Muster lesen und erkennen, wer die Person ist, die vor ihm steht. Ursprünglich symbolisierten die Linien unter der Unterlippe die Anzahl der geborenen Kinder. Heute könnte man theoretisch aus einem gut gemachten Moko herauslesen, ob es in der Ahnenreihe einmal einen Schotten oder Iren gegeben hat.

Ein Tattoo, das sich nicht nur auf das Kinn beschränkt, wird *Tā Moko* genannt. Auch moderne Māori-Männer lassen sich heute wieder im Gesicht tätowieren, wobei sie dann aber doch die feinen Nadeltechniken der Tattoostudios den traditionellen Instrumenten wie Meißel, Haizahn und Holzhammer vorziehen. »Die Tattoos sind Landkarten unserer Seele, sie zeigen, woher wir stammen«, meint Horomona. Und es sei heute auch kein Problem mehr, mit tätowiertem Gesicht in Neuseeland einen guten Job zu bekommen.

Ein Kenner, so Horomona, könne sehen, ob das Tattoo von einem Māori gestochen worden ist oder nicht. Es gebe nur noch sehr wenige, die die alte Kunst wirklich beherrschten. Denn die Tätowierung sei früher eine lebenslange Aufgabe gewesen. Vor dem Hämmern mit dem *Uhi*, dem Meißel, und dem Verzieren der Haut mit *Āwheto*, einer dunkelblauen Mixtur aus einem verbrannten Pilz, habe man dem Künstler erst einmal seine Lebensgeschichte erzählen müssen. Diese Geschichte habe dann Eingang in die Muster der Tattoos gefunden.

Plötzlich ist die kurze Unterrichtsstunde mit Horomona zu Ende. Seine Musikerkollegen kommen ins Café: der Musiker James Webster und ein mächtiger Kerl, der mich an den Indianer aus dem Film »Einer flog übers Kuckucksnest« erinnert. Der Māori mit dem Indianergesicht behauptet, Goethe zu heißen und in direkter Linie von Johann Wolfgang abzustammen. Verrückter geht's nicht.

James Webster stellt, bevor es zu den Filmaufnahmen geht, kurz ein völlig neuartiges Instrument vor, das er selbst erfunden hat und in dem sich sowohl die Holzschnitzkunst (Whakairo) als auch der Tanz (Haka) und die Musik (Pūoru) vereinen. Eine vollständig mit Ornamenten übersäte Flöte, von der aus dünne Seile zu einer Puppe führen. Über seine Finger bringt James die Figur wie ein Marionettenspieler zum Tanzen und spielt die Flöte dazu.

Horomona Horo, mein Māori-Freund, dem ich sehr viele Geschichten und viel Wissen zu verdanken habe, trägt kein *Tā Moko* im Gesicht. Doch bevor wir gemeinsam mit dem Kamerateam zum Fluss gehen, um dort Musik zu machen, taucht er kurz einen Finger in seinen Espresso und verschönert sein Kinn mit Kaffeesatz. »*From now on there is a new Māori Art. You can call it Mokka-Moko.*«

Ganzkörpertattoo

Vorbei die Zeiten, als nur alte Māori-Frauen oder Gangmitglieder tätowiert waren. Vorbei die 1970er-Jahre, in denen die Kultur der Māori verpönt war und man seine Tattoos bedecken musste. Tattoos sind heute weltweit Kult.

Schwarz wirbeln die Muster vor meinen Augen. Vogelfedern und Farnwedel sprießen in Spiralen auf dem Arm eines Polynesiers, der mir gegenübersitzt. Auch seine Schultern sind vollständig mit Tattoos überwuchert. Eine Umfrage in Neuseeland aus dem Jahr 2012 hat ergeben, dass einer von fünf Neuseeländern Tattoos trägt, in der Altersgruppe unter dreißig ist es sogar jeder Dritte. Die Frauen und Mädchen bestimmen in Neuseeland eindeutig die neuesten Trends. Delfine, Sterne, orientalische Muster, Girlanden, Schlingpflanzen, ganze Blumenbouquets springen mir ins Auge, wenn ich durch die Straßen gehe.

Und auch wenn die Tattoos bereits große Hautflächen in Australien, Europa, Amerika und Asien bedecken, ist doch Lucky Diamond Rich, der Mensch mit den meisten Tätowierungen der Welt, ein Neuseeländer. Alles fing mit einem kleinen Jonglierkeulentattoo auf seiner Hüfte an. Heute leuchtet Lucky Diamond Richs Körper vollständig in Blau. Ein Körper, wie gemacht für den zweiten Teil des Films »Avatar«. Die einzelnen Tattoos sind kaum mehr voneinander zu unterscheiden. Um seinen Vorgänger auszustechen, der vor ihm im Guinnessbuch der Rekorde stand, musste Lucky Diamond Rich allerdings bis zum Äußersten gehen und sich nicht nur das Innere seiner Ohren und das Innere seines Mundes, sondern auch das Innere seiner Vorhaut tätowieren lassen.

Sich sammeln

Wer sich mit der Kultur der Māori beschäftigt, stößt unweigerlich auf ihre Schnitzereien, ihren Tanz und ihre Musik. Wer diese Kunstformen näher kennenlernen möchte, sollte ein *Pōwhiri* mitmachen, eine traditionelle Begrüßungszeremonie, die gewöhnlich auf einem Versammlungsplatz stattfindet, dem sogenannten *Marae*. Nirgendwo ist ein Māori seiner Kultur näher als an diesem Zufluchtsort, an dem sich das meiste *Mana*, die größte spirituelle Kraft, befindet. Ein *Marae* ist ein Ort des Gebets, der Rede, der Trauer, der Hochzeit sowie des Tanzes und der Musik. Letztlich aber ist ein *Marae* die Heimat eines jeden Māori. Ein Ort, an dem auch Begegnungen zwischen Māori und Pākehā (Nicht-Māori) stattfinden können. Es ist eine Ehre, als Gast dem Willkommensruf einer der älteren Frauen zu folgen und ihn in einer Art Wechselgesang zu erwidern. Das Versammlungshaus selbst ist dem menschlichen Körper nachempfunden. Eine geschnitzte Figur auf dem Dach symbolisiert das Haupt der Vorfahren. Ein Versammlungshaus hat Arme, Rippen, Finger und eine Firststange als Rückgrat. Wer es als Gast betritt, sollte sich bewusst sein, dass es sich nicht nur um ein einfaches Haus, sondern um ein Geschichtsbuch handelt, ein lebendiges Archiv voller Geschichten, voller Rituale, voller Leben.

Die Begrüßung zwischen Gast und Gastgeber sieht einen Nasenkuss vor, einen *Hongi*, bei dem sich die Nasenrücken, oder wie es auf Englisch so schön heißt, die »Nasenbrücken«, begegnen. Es gibt keine Vorschriften, wie lange man die Nasen so aneinanderhält, auch keine über die Anzahl der Atemzüge oder darüber, ob man die Augen nun schließen sollte oder nicht. Die Begegnung kann mit jedem Māori anders sein, was sich bereits aus der Größe seines Körpers oder eben seiner Nase ergibt.

Der *Marae* ist vielleicht der erste Ort, an dem Sie einen Kriegstanz sehen werden, vielleicht der erste Ort, an dem Sie den Gesängen der Māori lauschen. Falls Sie jedoch in einer größeren Gruppe unterwegs sind und alle Tänze, Gesänge, Reden und Begrüßungen zu kurz ausfallen, versuchen Sie bei Ihrer Reise durchs Land irgendwann ein ruhiges *Marae* zu finden. Es gibt über achthundert dieser Stätten in Neuseeland. Bringen Sie Geduld und ein Geschenk mit, ein *Koha*. Vor allem aber nehmen Sie sich Zeit für ein längeres Gespräch mit den Frauen, den Hüterinnen ganz besonderen Wissens. Nach vielen Stunden und gemeinsamen Chorälen in einem *Whare Hui*, einem Versammlungshaus, werden Sie verstehen, warum die Māori noch ein weiteres Wort für diesen heiligen Ort besitzen. Sie nennen ihn auch *Tūrangawaewae*, den Platz, wo man hingehört.

Die Kapa-Haka-Weltmeisterschaft

»Wenn dir nicht wenigstens ein klein wenig die Tränen in die Augen schießen, wenn der Haka vor einem internationalen Wettkampf präsentiert wird, bist du nicht wirklich ein Neuseeländer.«

John Bridges, Comedian

Ka mate! Ka mate! – Das ist Leben! Das ist Leben!

»Nichts gegen den Besuch im Te Puia, dem Māori Arts and Crafts Institute, und nichts gegen die tagtäglichen Zeremonien«, sagt mir Chanz Mikaere, Leiterin des Museums in Rotorua. Doch sollte man sich klarmachen, dass dieser touristische Showtanz mit den wirklichen Haka-Wettkämpfen nicht viel zu tun hat. »Haka, das ist richtiger Sport«, sagt Chanz. »Das ist etwas Authentisches und eine wirklich ernste Sache für uns Māori.« Was den Argentiniern der Tango, den Österreichern der Walzer und den Kubanern der Mambo, ist den Māori ihr Haka.

Der Haka ist der traditionelle Kriegstanz der Māori, mit dem einst die Gegner eingeschüchtert werden sollten. Der bekannteste alle Haka-Tänze ist der sogenannte *Ka Mate,* der seit der legendären Englandreise der All-Black-Rugby-Mannschaft 1905 regelmäßig vor einem Spiel aufgeführt wird. Die Rugbyspieler hatten diesen Tanz von den Māori übernommen, um ihren Gegnern Angst einzujagen; liest man allerdings die damaligen Kommentare, glichen die ersten Versuche der anglikanischen Spieler wohl eher einem unkoordinierten Ballett mit wilden Armbewegungen. Die Qualität des Kriegstanzes wurde im Lauf der Jahrzehnte nur unmerklich besser, woraufhin sich schließlich Wayne »Buck« Shelford der jämmerlichen Darbietung annahm und die Choreografie, die Koordination und vor allem die Ausdruckskraft verbesserte.

Nicht wenige sehen in der rasanten Entwicklung und Professionalität, die der Haka in den letzten Jahren gemacht hat, ein Spiegelbild der gesellschaftlichen Entwicklung Neuseelands. Alles ist professioneller und disziplinierter geworden. Chanz Mikaere sagt: »Du hättest mal die Haka-Aufführungen der All Blacks vor dreißig Jahren sehen sollen. Da dachte man, die gehen zu einem Teekränzchen. Das war kein Haka, das war ein zartes Tänzchen. Den besten Haka Neuseelands siehst du übrigens bei den Weltmeisterschaften im Kriegstanz, die alle zwei Jahre stattfinden. Dieses Jahr im Sommer übrigens in Tauranga.«

Ein unglaubliches Glück. Ich bin der erste westliche Journalist, sagt man mir, der je zu einer Weltmeisterschaft im

Kriegstanz gekommen ist. Im Sportstadion von Tauranga auf der neuseeländischen Nordinsel treffen sich zum Kapa Haka Festival viele bedrohliche Blicke. Stämmige Männer aus Australien, Neuseeland und Hawaii üben sich alle zwei Jahre bei den inoffiziellen Kriegstanzweltmeisterschaften im Augenrollen, Schreien, Stampfen und Speerdrehen. Doch nicht nur Männer treten an, auch Frauen reißen schon vor den Wettkämpfen im Backstagebereich probehalber die Augen auf und strecken die Zunge heraus.

Einer der Athleten steht auf der Bühne und sieht schmachtend auf eine Frau im Publikum herunter, die sich gerade an einem Riesenhamburger zu schaffen macht. Einige der Tänzer haben während der zweijährigen Vorbereitungszeit über vierzig Kilogramm abgenommen. Doch wichtiger als der Verlust des Bauchspecks ist es, Ausdruckskraft zu entwickeln. Eben genau das, was im Māori-Wort *Mana* so kraftvoll zum Ausdruck kommt. *Mana* ist der Schmelztiegel für die Begriffe Kraft, Charisma, Autorität und Macht. Erst wer es schafft, diese Präsenz auf die Bühne zu zaubern, gewinnt die weiteren *Mana*-Ingredienzien hinzu, die da heißen: Einfluss, Status und Prestige. Und natürlich gewinnt man auch Punkte bei den Kampfrichtern, wenn man diese gewisse Art von natürlicher Power ausstrahlt.

Kapa Haka ist Gruppenkunst. Eine gute Haka-Aufführung ist eine Sache von Ausdruck, Rhythmus und Koordination. Bewertet werden das Zusammenspiel in den Tänzen und in den Chorälen sowie die Abstimmung der Kostüme und die Grazie beim Tanzen mit den *Poi*, den an Schnüren befestigten kleinen Bällen. Eine Kunst, die ursprünglich den Männern vorbehalten war, um ihre Handbeweglichkeit zu erproben. Mittlerweile sind es ausschließlich Frauen, die die kleinen Bälle beim Tanzen, geschickt an langen Schnüren und ohne sich zu verheddern, durch die Luft wirbeln.

Der Kapa Haka, der kraftvolle Kriegstanz der Māori, ist längst Volkssport und wird in den Schulen landesweit im Unterricht angeboten. Da der Tanz bei richtiger Ausführung schweißtreibend, aber auch stressabbauend wirkt, wird er neuerdings sogar in der Therapie und in der Sozialarbeit eingesetzt. Denn Tanzen kann durchaus zusammenschmieden, was auseinanderzubrechen droht: eine Familie zum Beispiel.

Während es in Europa in der Sozialarbeit üblich ist, Familien von außen zu unterstützen und im Notfall auch zu betreuen, haben sich in der Tradition der Māori ganz andere Strukturen entwickelt. Falls es familiäre Probleme gibt, werden diese zuerst in der Familie gelöst. Ein sogenannter Familienrat wird zur Problemlösung einberufen. Und wo der Familie im Westen ausgebildete Fachkräfte zur Seite stehen, suchen beim Modell Familienrat zuerst einmal engagierte Freunde, Bekannte, Verwandte, Nachbarn und Kollegen nach einer passenden Lösung. Es geht dabei um gute, freundschaftliche und familiäre Netzwerkarbeit. Jugend- und Familienhilfe wird so zu einer Eigenleistung, die verblüffende Kräfte freisetzen kann.

Mittlerweile ist der neuseeländische Familienrat ein erfolgreicher Bestandteil auch vieler deutscher Sozial- und Jugenddienste, und selbst der Kriegstanz der Māori wird in diesen Einrichtungen als eine neue Form der Kraftentfaltung und des Miteinanders praktiziert. Prof. Frank Früchtel von der Universität Potsdam sieht in der neuen Form des Beisammenseins ein bedeutsames Geschenk der Māori an den Westen und eine neue Brücke zwischen Gemeinschaft und Gesellschaft. Eigentlich, so Früchtel, sei der Familienrat ein Anachronismus, der so in unserem Sozialstaat gar nicht mehr vorgesehen sei. Doch gerade weil seine Praktiken auf traditionellen Werten und dem Zusammenhalt von Gemeinschaften beruhen, entwickelt diese Form der Selbsthilfe einen unglaublichen Erfolg. Ganz offensichtlich lässt sich hier von den Māori etwas lernen: nämlich wie wir die Kraft, die in einer Gemeinschaft liegt, noch einmal reaktivieren können.

The other side I

Wo viel Licht ist, ist auch viel Schatten, sagt man. Auch das auf den ersten Blick so helle, freundliche, entspannte und friedliche Neuseeland hat seine Schattenseiten, keine Frage. Während meiner Reisen durch das Land sind mir immer wieder Männer aufgefallen, die ich nicht unbedingt hätte nach dem Weg fragen mögen. Düsterste Gestalten, die Kapuze über den Kopf gezogen, einen Stahlhelm mit Runenzeichen auf dem Kopf, oder hagere Piraten mit faltigen Gesichtslandschaften, über die noch nie der Anflug eines Lächelns gewandert ist, Typen, die aussehen, als wären sie durch ein Zeitloch aus der Zeit der ersten Besiedlung in die Neuzeit gefallen. Es ist schon erstaunlich, dass es in Deutschland hauptsächlich zwei größere Gangs gibt, die Bandidos und die Hells Angels, und auf der anderen Seite der Welt eben auch genau zwei Gangs, nämlich die Black Power und die Mongrol Mobs. Beide haben es mittlerweile in der Kunst- und Fotografieszene zu einiger Berühmtheit gebracht.

Ich schaue mir die unglaublichen Fotografien des neuseeländischen Künstlers Jono Rotman an, der in einem ländlichen Tal nahe Wellington aufgewachsen ist und sich dort als Jugendlicher nach eigenen Aussagen bereits frühzeitig von der Gesellschaft und deren Normen verabschiedet hat. Die Fotografie schließlich habe ihn gerettet, und über die Punk-Rock-Szene sei er dann in Kontakt mit dem berüchtigten Mongrol Mob gekommen. Seine Bilder der Māori-

Parias gehören zu den faszinierendsten Dokumenten über eine düstere und unbekannte Seite Neuseelands.

In einer Ausstellung in Rotorua sehe ich ein Foto mit Hoppy, einem Mitglied der stadteigenen Gang. Er hat sich in riesigen Lettern den Gangnamen Mongrol Mob auf die Stirn tätowieren lassen, seine Augen sind wie Bilder eingerahmt von wild sprießenden Mustern und Girlanden. Vom Kinn wuchert das Gestrüpp eines weißgrauen Bartes nach unten und bildet einen scharfen Kontrast zu den pechschwarzen Haaren auf seinem Kopf. Denimz Rogue aus Porirua hat ebenfalls ein Wort auf seiner Stirn stehen, doch die Buchstaben gehen in den übrigen Tatoos in seinem Gesicht fast unter. Seit einigen Jahren ist es den verschiedenen neuseeländischen Gangs verboten, ihre Insignien offen zur Schau zu stellen, doch die Tatoos kann ihnen keiner mehr nehmen. Ich gehe nach der Fotoausstellung nach draußen und komme an der Polizeistation in Rotorua vorbei. Hier hängt seit Jahren ein riesiges Schild mit der Aufschrift *Say No To Domestic Violence*. Nicht ohne Grund: Häusliche Gewalt ist ein Dauerthema in Neuseeland.

The other side II

Die meisten Menschen, die sich in Neuseeland auskennen, behaupten, die Kiwis würden viel trinken. Doch erstaunlicherweise findet sich das Land gerade einmal auf einem lächerlichen siebenunddreißigsten Platz in der Weltrangliste der Trinknationen. Mit 9,12 Litern reinen Alkohols, die pro Kopf und Jahr verbraucht werden. Deutschland liegt bei 11,81, Österreich bei 12,60 und die Schweiz bei 10,65 Litern. Das Alter, in dem man alkoholische Getränke kaufen darf, wurde in Neuseeland erst 1999 von zwanzig auf achtzehn gesenkt. Zur gleichen Zeit wurde das Verkaufsverbot in Supermärkten aufgelöst, und auch Pubs und Liquorstores durften zum ersten Mal an Sonntagen Alkohol verkaufen. Der Druck der Anwohner kann gelegentlich auch heute noch zu Verkaufsverboten am Sonntag führen, wie es in Invercargill und Geraldine auf der Südinsel geschehen ist.

Zur Zeit der Walfänger und Goldsucher waren die Strände Aucklands und Wellingtons so voller leerer Flaschen, dass Governor FitzRoy davor warnte, dort spazieren zu gehen. Als die Māori zwischen 1820 und 1840 zum ersten Mal in ihrer Tradition mit Alkohol in Berührung kamen, war dies ein kultureller Schock, der einem größeren Erdbeben gleichkam. Denn die Māori kannten als indigenes Volk keinerlei vergorene Getränke und bis auf einige rauschhafte Pilze auch keinerlei Drogen. Cooks naturalistischer Maler, Joseph Banks, verwies in seinen Tagebüchern darauf, dass Wasser das universale und heilige Getränk der Māori sei. Die Māori nannten Alkohol anfangs *Waipiro*, stinkendes Wasser. Eine Gruppe ihrer Waikato-Häuptlinge sandte 1856 ein Schreiben ans Parlament, in dem sie darauf hinwiesen, dass Alkohol das schlimmste Ding sei, das je nach Neuseeland gebracht wurde.

Vom Weben der Träume

Wer bei der traditionellen Webkunst der Māori nur an geflochtene Flachsmatten und ans Korbflechten denkt, greift viel zu kurz. Hinter der Kunst des Webens und Flechtens steckt weit mehr, als jeder flüchtige Blick in die Handwerksstätten des Landes ahnen lässt.

Te Whariki, die geflochtene Matte, ist der Name eines modernen Bildungskonzepts in Neuseeland, das bei Schulkindern den Fokus auf Selbstachtung, Teamarbeit, Mitbestimmung, Stärke und Anerkennung legt. Bei uns unübliche Unterrichtsfächer wie gemeinsames Musizieren im Orchester, Drachenbootrennen oder Unterwasserpolo sind in diesem »Geflochtene-Matte-Konzept« wichtig, weil man in Neuseeland sehr großen Wert darauf legt, die Kraft und den Zusammenhalt zu entwickeln. »Es kommt darauf an«, sagte mir eine Lehrerin aus Nelson, »Freundschaften zu knüpfen, die ein Leben lang halten und wie eine gute Fußmatte auch ein paar Fußtritte des Lebens, also Schicksalsschläge, aushalten können.«

Die Māori kennen zwei große Ereignisse, bei denen man für einen Menschen tatsächlich eine geflochtene Matte anfertigt: die Geburt und den Tod. Ein neugeborenes Kind erhält zur Begrüßung eine geflochtene Matte oder einen gewebten Stoff. Darin tauchen als Muster angelegte, symbolische Geschichten und gute Wünsche auf. Ein besonders wichtiges Muster ist der Koru, der spiralige junge Trieb eines Farns, denn er symbolisiert die sich entwickelnde Person. Der grüne, in sich gerollte Farn ist eine schöne Metapher für die kommende Entwicklung des Kindes hin zum Erwachsenen. Und wenn man einen jungen Koru-Trieb genauer betrachtet, so ist auch die nächste und übernächste Generation bereits darin enthalten. Māori lieben es, in Metaphern zu sprechen, und das sieht man ihren Webkunstwerken durchaus an.

Auch ein Mensch, der am Ende seines Lebens steht, erhält eine Matte, in die all das hineingewebt ist, was man ihm noch zu sagen hat oder was wichtig und bezeichnend für sein Leben war.

Die Beerdigungszermonie der Māori heißt *Tangihanga*. Meist dauert sie eine Woche, in der die Verwandten ständig bei dem Toten bleiben. Es gibt, wie in vielen alten Kulturen, Klageweiber, die weinen, klagen, rufen und singen. Für die Trauernden geht es um eine tiefenreinigende Kartharsis, die sich *Hotuhotu* nennt und bei der man seine extremsten Gefühle zeigen darf. Es kann passieren, dass Angehörige bei einer *Tangihanga* völlig außer Kontrolle geraten oder die Trauer sie zum Tanzen bringt. Alles ist erlaubt. Die Tanatologin und Autorin Elisabeth Kübler-Ross ist der Ansicht, die Tangi-Zeremonie der Māori sei eine der besten Arten, mit der eigenen Trauer umzugehen. Alle Emotionen dürfen gezeigt werden. In der Glaubenswelt der Māori bilden die Tränen der Trauernden den Schutzmantel für den Toten, den dieser bei seiner Reise in die Heimat Hawaiki trägt.

In der letzten Nacht der Trauer wird dann ein Stab herumgereicht. Eine Zeremonie, die sich *Poroporoaki* nennt. *Poroporo* heißt schneiden; und tatsächlich geht es darum, einen Schnitt zu machen. Einen Schnitt mit der Person, die man betrauert, indem man die letzten Dinge sagt, die man ihr zu sagen hat. Das können furchtbar traurige Dinge sein oder auch sehr fröhliche. Es gibt keine Grenzen dessen, was gesagt werden darf. Ein *Poroporo* ist eine gute Chance, alles loszulassen, was man über Jahre mit sich herumgeschleppt hat. Und am Ende der Trauer werden die Fäden der geflochtenen Matte wieder aufgelöst.

Tektonische Tänze und verliebte Vulkane

In Neuseeland können plötzlich und unerwartet lohnende Bildmotive auftauchen, was Fotografen immer wieder in Entzückung versetzt. Bekannt ist das Alpenpanorama des Leuchtturms in Cape Egmont, der inmitten saftiger grüner Weiden ruhig vor dem schneebedeckten Vulkan Mount Taranaki aufragt. Auch in Auckland gibt es ähnliche Motive mit genüsslich grasenden Kühen auf dem Mount Eden, dem höchsten vulkanischen Krater der Stadt.

Allerdings sollte man bei all diesen schönen Bildern die unter dieser Idylle brodelnde und kochende Erde nicht vergessen. Neuseeland ist ein Land permanenter tektonischer und vulkanischer Aktivität. Die Stadt Auckland wird zwar von den Māori *»eine junge Schönheit mit hundert Liebhabern«* genannt, doch diese Liebhaber können gelegentlich sehr zornig werden. Über fünfzig inaktive Vulkane strecken heute ihre grünen Häupter aus dem Häusermeer, und es sind die einstigen Lavaströme, die den Verkehrsstraßen Aucklands ihre Richtung vorgeben. Im Auckland Museum sieht man Fußabdrücke in der erkalteten Lava, die von Menschen stammen, die dem Ausbruch des Vulkans Rangitoto entkommen wollten. Die Māori, die vor 700 Jahren rund um den Golf von Hauraki lebten, hatten mit dem Rangitoto ihr Pompeji direkt vor der Haustür.

Auch schlafende Vulkane können unerwartet wieder ausbrechen, wie dies 2007 mit dem Mount Ruapehu geschah, dem mit fast 2800 Metern höchsten Vulkan der Nordinsel. Geologen halten den jüngsten Ausbruch dieses im Tongariro National Park liegenden Vulkans, der von einem siebenminütigen Erdbeben begleitet wurde, für den heftigsten seit der Ankunft der ersten europäischen Siedler in Neuseeland. Dennoch wurde niemand verletzt. Erdbeben sind in Neuseeland ein tägliches Phänomen, wobei die Mehrzahl der vielen Tausend Beben pro Jahr nur mit sehr empfindlichen seismischen Geräten gemessen werden kann.

Wer ein Beben am eigenen Leib erleben möchte, kann dies im »Erdbebenhaus« des Te Papa Museum in Wellington tun. In einem Erdbebensimulator wird ein Beben der Stärke fünf nachgestellt, und wer sich in den Raum hineinwagt, wird merken, wie schwierig es ist, sich bei einer solchen Stärke auf den Beinen zu halten.

Neuseeland, das bedeutet immer ein Leben im Grenzbereich. Das Land liegt genau an der Schleifkante der Indisch-Australischen und Pazifischen Platte, in einer tektonisch sehr aktiven Region. Die mächtigen kontinentalen Platten schrammen mit der Gemächlichkeit wachsender Fingernägel aneinander vorbei. Doch das reicht aus, die Erde alle Tage lang wieder ein wenig durchzurütteln – zumal wenn sich die Platten verhaken. Über die Jahrmillionen hinweg war Neuseeland den pressenden, zerrenden und faltenden Kräften dieser mächtigen Kontinentalplatten ausgeliefert. Erst vor fünf bis zehn Millionen Jahren wurden die mächtigen Südalpen emporgehoben, die sich nun entlang der sogenannten alpinen *Verwerfung* erstrecken. Wer ein geologisch geschultes Auge hat, kann die Grenze zwischen der Indisch-Australischen und der Pazifischen Platte als tiefe Schlucht am Franz-Josef-Gletscher und am Fjord Milford Sound noch deutlich sehen.

Das strampelnde, ungeborene Kind

In der Mythenwelt der Māori sind weder kontinentale Platten noch Magmakammern für all die Geysire, Vulkane und Erdbeben zuständig. Der Legende nach gilt vielmehr ein *Tohunga*, ein Priester und Heiler, als Verursacher all dieser hitzigen Aktivitäten. Der Priester Ngātoro-i-rangi hinterließ demnach bereits einen bleibenden Eindruck, als er aus seinem Waka stieg und über den Boden Aotearoas stapfte. Denn überall dort, wo er hintrat, entstanden Seen und Wassertümpel, die heute noch sehr gut rund um die Stadt Rotorua zu sehen sind. Den ersten Berg, den der Priester bestieg, nannte er *Tongariro* (südwärts sehen), da er von seinem Gipfel aus eine herrliche Aussicht genoss. Doch trotz der schönen Aussicht machten ihm die kalten Winde zu schaffen, und als er auf dem Gipfel zu erfrieren drohte, flehte er in seiner Not zwei Schwestern an, die ihm aus der Heimat Hawaiki gefolgt, der warmen Temperaturen wegen aber auf der Vulkaninsel White Island geblieben waren. Die Rettung vor dem Erfrierungstod erfolgte dann mithilfe eines unterirdischen Feuers, das von Hawaiki über White Island bis hin zum *Tongariro* geschickt wurde und dem Hohepriester Ngātoro-i-rangi wieder Leben einhauchte. So weit zum mystischen Hintergrund des geologischen Phänomens der Vulkanschlunde.

In der Mythologie der Māori wimmelt es nur so von wundertätigen Priestern und verliebten oder eifersüchtigen Vulkanen. Typisch ist die wunderbare Geschichte von vier nebeneinanderstehenden Vulkanen, die sich in einen kleineren Vulkan namens *Pihanga* verlieben, der in seinem dichten Waldkleid wirklich zauberhaft aussieht und den anderen Vulkanen regelrecht den Krater verdreht. Der mächtige Vulkan *Taranaki* machte der kleinen *Pihanga* Avancen, doch der eifersüchtige Vulkan *Tongariro* fordert ihn sogleich zum Kampf heraus. Und wie es halt so ist, wenn sich zwei Vulkane bekämpfen, die Erde fängt an zu beben, und der Himmel beginnt sich zu verdunkeln. Und als sich die dunklen Wolken am Himmel verzogen haben, steht die liebliche *Pihanga* dicht an *Tongariros* Seite. *Taranaki* ist außer sich vor Eifersucht und verlässt die anderen Vulkane. Er zieht Richtung Sonnenuntergang, immer weiter, bis er an die Westküste kommt und sich dort niederlässt. Seine Kummertränen füllen bis heute das Bett des Flusses *Wanganui*, und sein trauriges Gesicht versteckt er meistens hinter einer Wolkendecke.

Zu den schönsten Bildern der Sagenwelt der Māori gehört die Erklärung für die zahlreichen Erdbeben. Schuld daran sei ein ungeborenes Kind von Mutter Erde, heißt es. Dieses eigenwillige und manchmal etwas unruhige Baby namens *Ruamoko* bewegt sich in der Gebärmutter unseres Planeten. Der ungeborene kleine Racker bringt die Welt mit seinem Strampeln gern zum Wackeln. *Ruamoko,* der kleine Herr der Erdbeben, strampelt anscheinend ziemlich viel in den vergangenen Jahren. Kein Māori vermag allerdings zu sagen, was geschieht, wenn das Götterbaby dann eines Tages endlich geboren wird.

Die Erde kocht bunte Suppe

Neuseeländischer Traumsommer. Die Februarsonne lockt die Menschen in Scharen an die Seen der Schwefelstadt

Rotorua. Freizeitlich elegant gekleidete weiße Herren schieben auf dem gepflegten Grün vor dem Badehaus des Kurortes eine ruhige Kugel, sind tief ins Longball-Spiel versunken. Einige Seeanwohner nutzen die geothermische Aktivität in ihren Vorgärten und kochen sich Mahlzeiten in dem heißen Wasser der sogenannten *Hot Pools*. Die Schlammvulkane rund um die Māori-Stadt blubbern friedlich vor sich hin. Rhythmisch und ohne Zugabe von Seife zischt einer der letzten natürlichen Geysire im nahen Te-Puia-Park. Über die stadteigenen größeren Seen ziehen thermische Nebelschwaden hinweg. Die Einheimischen haben den Ort aus gutem Grund *Whangapipiro* genannt, was sich mit »furchtbar stinkender Ort« übersetzen lässt. Was mir in Rotorua als Erstes ins olfaktorische Zentrum schießt, sind die Geruchserinnerungen an die nach faulen Eiern riechenden Stinkbomben der Schulzeit.

Rotorua bedeutet in der Sprache der Māori »Zwei Seen«, auch wenn es tatsächlich fünfzehn Seen rund um das thermale Wunderland gibt. Von oben betrachtet, erscheinen diese mineralreichen Gewässer als imposante surreale Farbpalette: in die Landschaft getupfte farbenfrohe Wasserspiele zwischen kunterbunten Steinwelten, blubberndem Schlamm, heißen Wasserfällen und sattgrünen Wäldern. Hier ein wenig leuchtendes, metallisches Malachit, etwas weiter ein chromoxidgrüner, ein smaragdgrüner und ein minzgrüner See und dazwischen ausgebleichte weiße Terrassen, absurd schillernde, gelb glühende Schwefelfelsen, und als Beweis, dass dies alles auch wirklich real ist und wir uns noch immer auf dem Planeten Erde befinden, wachsen dazwischen kiefer- und farngrüne Wälder. Eines der schönsten dieser Farbgewässer ist der Lake Ngakoro. Wie alle anderen Seen rund um Rotorua ist er nichts anderes als das, was man in Deutschland ein Maar nennen würde, ein mit Wasser gefüllter Vulkankrater. Doch im Gegensatz zu den klaren Eifelmaaren schimmert das von farnbewachsenen Hängen gesäumte Wasser des Lake Ngakoro in einem strahlenden Opalgrün. So als wenn jemand versehentlich einen riesigen Eimer phosphoreszierender Farbe in den See geschüttet hätte.

Etwas weiter südlich, im Waimangu Volcanic Valley, reiht sich eine geothermische Attraktion an die nächste. Wer möchte, kann sich auf einer vier Kilometer langen Buschwanderung glucksende und fauchende Krater, rülpsende und blubbernde Schlammtümpel und den *Frying Pan*, einen beeindruckend dauerdampfenden See ansehen, der meiner Meinung nach nur noch vom toxischen Wunderwerk namens *Inferno Krater*, einem zyanblau leuchtenden Gewässer, übertroffen wird.

Auf dem State Highway 5 Richtung Taupo gibt es ein weiteres geothermisches Wunderland namens Wai-O-Tapu mit einem türkis funkelnden Thermalwassersee namens *Champagne Pool.* Vermutlich haben hier die ständig aufsteigenden Kohlendioxidbläschen den Namensgeber inspiriert. Das steinige Ufer des *Champagner Pools* ist ein außerirdisch glühendes orangefarbenes Band, wie man es vielleicht früher einmal auf dem Umschlag von Perry-Rhodan-Heften gesehen hat. Vom Bad im 74 Grad heißen Wasser des *Champagne Pools* muss, trotz des schönen Namens und der hübschen Farbe, jedoch dringend abgeraten werden.

Die Strafe für den Hellseher

Unweit des *Champagner Pools* wird pünktlich um 10.15 Uhr der Lady-Knox-Geysir mit Seife gefüttert und bläst daraufhin seine heiße Wasserfontäne in den Himmel wie ein schnaufender Wal. Die Entdeckung dieses Geysirs ist Häftlingen zu verdanken, die um 1900 in den heißen Quellen des Wai-O-Tapu-Gebietes ihre Sträflingskleidung wuschen. Als während der Wäsche ein Stück Seife ins Wasser fiel, fand man heraus, wie man den Geysir zur Eruption oder, wie die Māori es ausdrücken, vor Wut zum Kochen bringen kann.

Die Entdeckungen der thermischen Wunderwelten rund um Rotorua führten Mitte des 19. Jahrhunderts zum eigentlichen Beginn des Tourismus in Neuseeland. Neben der Besichtigung der farbenfrohen Seen, der Geysire und Schlammvulkane entstanden frühzeitig eine Vermarktung der mineralischen Kuranwendungen und ein lebhaftes, durch die Māori geprägtes Kulturprogramm. Vor allem Touristen aus England machten sich infolge der Erfindung der Pauschalreise (durch einen Herrn namens Thomas Cook) auf die lange, beschwerliche Fahrt ans Ende der Welt. Zu den bekanntesten Besuchern zählte Rudyard Kipling, der den Milford Sound im Fjordland als achtes Weltwunder bezeichnete. Im Angebot der ersten Werbeprospekte für Rotorua fand sich für die britischen Gruppen neben Kuranwendungen und »Kriegstänzen der Menschenfresser« auch eine Attraktion, die es heute so nicht mehr gibt.

Die damals gefeierten *Pink and White Terraces* unterhalb des Vulkans Mount Tarawera zogen Menschen aus aller Welt auf die neuseeländische Nordinsel. Wer sich die Terrassen auf alten Gemälden ansieht, wird verstehen, warum. Die rosafarbenen Stufen entstanden durch mineralreiches Wasser, das aus zwei Geysiren einen Hang hinunterfloss und in Jahrtausenden durch Mineralablagerungen die wohl schönsten natürlichen Thermalterrassen der Welt erschuf. Jedes der zum See hin abfallenden rosa Terrassenbecken hatte eine andere, jeweils sehr angenehme Temperatur. Die in den Becken und an den kleinen Wasserfällen badenden Gäste hatten von ihrer Thermalempore aus einen prächtigen Blick auf die angrenzenden weißen Terrassen, den Rotomahana-See und die umliegenden Wälder mit ihren Riesenfarnen.

Die Reise zu dieser Weltattraktion war freilich beschwerlich, da man nach der Schifffahrt um die halbe Welt zuerst mit der Dampflok nach Tauranga fahren, anschließend auf dem Pferderücken nach Ohinemutu reiten und dann noch mit der Kutsche ins Māori-Dorf Te Wairoa fahren musste. Die Terrassen selbst erreichte man tags darauf nach einem langen Fußmarsch und der Fahrt mit dem Kanu über den Lake Tarawera. Die viktorianischen Damen in ihren langen Rüschenröcken und die Herren mit Tropenhelm, die diese Strapazen auf sich nahmen, brachten erheblichen Reichtum in die Māori-Dörfer rund um den See. Die Te-Arawa-Stämme, die hier die Touristen betreuten, verlangten immer höhere Wucherpreise für die Kanufahrten und für die Erlaubnis, dass die Terrassen gemalt werden durften. Und mit dem Geld kamen bald der Alkohol und die Gier in die Dörfer. Ein Tohunga-Priester namens Tuhoto Ariki sagte voraus, die Habgier der Māori werde die Mutter Erde erzürnen und strafendes Feuer auf die Dörfer regnen lassen. Einige Tage nach dieser Prophezeiung brach am 10. Juni 1886 der Vulkan Tarawera aus. Eine der größten Naturkatastrophen Neuseelands kostete mehr als 120 Menschen das Leben. Es regnete Tonnen von glühendem Sediment und Asche auf die Dörfer, die letztlich von einem riesigen pyroklastischen Strom verschlungen wurden. Das Dorf Te Wairoa ist heute als *Buried Village* eine Touristenattraktion. Die rosa und weißen Terrassen allerdings gibt es nicht mehr, da sie von den Wassermassen des Lake Rotomahana verschlungen wurden.

Dem Priester Tuhoto Ariki hat man seine Weissagung übrigens sehr übel genommen. Man warf ihm vor, er habe die Katastrophe selbst heraufbeschworen, und weigerte sich vier Tage lang, ihn aus seinem verschütteten Haus zu befreien. Es waren Europäer, die ihn befreiten und in ein Sanatorium brachten, wo er eine Woche später verstarb.

Mein Traum von White Island

Ich muss gestehen, einen Ausflug nach White Island habe ich bisher noch niemals in meiner Reiseplanung untergebracht. Vielleicht bin ich ja zu feige. Vielleicht liegt es auch an dem Beinamen, demzufolge White Island die Insel der ätzenden Dämpfe ist: Ich muss nicht unbedingt mit einer Gasmaske und einem Helm ausgestattet durch eine Gegend laufen, in der man vom thermisch sauren Nieselregen durchaus unheilvolle Flecken im Gesicht bekommen kann – wie ich auf Bildern meines Freundes, des Fotografen Georg Ludwig, habe feststellen können. Dennoch fasziniert mich White Island. Und Georg meint, die Insel sei ein absolutes Muss für jeden Neuseelandreisenden. Neidvoll schaue ich mir im Filmarchiv in Wellington frühe Filme an, in denen die Bilder vor wilden Farben zu explodieren scheinen und man den Schwefeldampf und die Luftfeuchtigkeit beinahe spüren kann. Bereits beim Anblick der Aufnahmen steigt mein Puls spürbar. Ein Rausch der Farben, gelbe, sulfur- und orangefarbene, rote und grüne Säureseen, glühendes rotgelbes Eisenoxid. Der Guide geht mit rotem Helm voran und die Besucher im Gänseschritt hinterher; nur kein falscher Schritt, und wenn man ein seltsames Geräusch hört, so erzählte mir Georg Ludwig, solle man sofort weglaufen, denn es könnte eine aufbrechende Erdkruste sein, eine sich Weg bahnende Fumerole. Weglaufen, sobald man seltsame Geräusche hört? Aber wohin?

Sehe ich mir den Film aus den 80er-Jahren an, gibt es auf White Island nur seltsame Geräusche. Die friedlich schnaufenden Geysire und sanft blubbernden Schlammtümpel von Rotorua klingen dazu im Vergleich wie das Geräusch sanft schlafender Kinder. Auf White Island erreicht die Geräuschkulisse der kochenden Schlammtümpel und dampfenden Fumerolen durchaus Turbinenlautstärke. Der größte

Ausbruch auf Neuseelands aktivster Vulkaninsel liegt zwar 16 000 Jahre zurück, bei einer Eruption im Jahre 1914 kamen aber immerhin noch zehn Minenarbeiter ums Leben, die auf der Insel Sulfat abgebaut haben.

Der Führer im Film nimmt mit Handschuhen ein gelbes Stück Fels in die Hand und zerdrückt ihn zu Pulver, die Touristen halten ihre Nasen über die gelbe Staubwolke und schütteln die Köpfe. Keinerlei Gestank. Sulfur stinkt nur nach verfaulten Eiern, wenn es erhitzt wird.

Die Anlandung auf der aktivsten Insel Ozeaniens, sagte man mir, sei schwierig. Die Insel verändert sich stetig. Der Boden bewegt sich. Es gibt keinen Steg, man gelangt vom Boot über die Sprossen einer Metallleiter auf die felsige Küste. Die Wahrscheinlichkeit, dass man nicht anlanden kann, liegt bei dreißig Prozent. Vielleicht schaue ich mir die Insel eines Tages ja aus dem Hubschrauber an.

Christchurch und die Erdbebenkinder

Als ich 2008 für eine Reiseführer-Hörbuchreihe einen Abstecher nach San Francisco machte und als nächstes Ziel dann Istanbul und Neuseeland auswählte, fragte mich der Fotograf Muri Eren, warum ich mich vor allem für Gegenden interessieren würde, die erdbebengefährdet seien. Mir war meine Affinität zu Erdbebengebieten gar nicht bewusst gewesen, doch die Energie, die seismisch aktive Orte aussenden, ist tatsächlich faszinierend. Im Jahr 2004 habe ich in Parma, in Oberitalien, ein Erdbeben der Stärke 6,2 auf der Richterskala erlebt. Mein Hotelzimmer im vierten Stock schwankte langsam hin und her. Kein Rütteln und Schütteln, sondern ein sachtes Wiegen, das mich nicht an ein Beben denken ließ. Zuerst glaubte ich, ich leide an Wahrnehmungsstörungen. Doch als draußen auf dem Gang die Leute zu laufen begannen und *Terremoto! Terremoto!* schrien, als wir Hotelgäste uns plötzlich im Morgenmantel oder Schlafanzug auf der Straße wiederfanden, da wurde mir bewusst, das war mein erstes Erdbeben. Mein erster tektonischer Tanz.

Georg Ludwig meint: »Es muss ja nicht immer beben, so ein Erdbeben. Das kann auch ganz unspektakulär sein, selbst wenn es ein starkes Beben ist. Es kommt ganz darauf an, wie tief das Epizentrum liegt. Nicht nur die Stärke, sondern auch die Tiefe, die Beschleunigung und die Bewegungsrichtung sind wichtig. Seitliche Bewegungen können verheerend sein.«

Georg Ludwig hat mit seiner Frau Cornelia schon so einige Erdbeben hinter sich. Doch was die beiden 2010 bei den Beben von Christchurch erlebten, war auch für sie etwas Neues. Allein auf die drei größten Beben im September folgten über 10 000 Nachbeben. Cornelia war mit dem Auto unterwegs, als ein Beben sie erwischte und die Straße vor ihr sich plötzlich in Wellenbewegungen wand wie ein riesiges Reptil. Durch ein Phänomen, das sich *Liquifaction* nennt, entstehen enorme Wasserlachen: Grundwasser, das plötzlich nach oben schwappt. Weichgespülte Erde. Der Boden reißt auf, die Straße bricht ein, für Autofahrer folgt ein Kratertango.

Das Haus von Georg und Cornelia in einem Randbezirk von Christchurch bekam glücklicherweise nur ein paar kleinere Risse. Die zwanzig Baumstämme, auf denen die Holzkonstruktion ruht, federten bei dem Beben gut mit. Trotzdem hatte die Erschütterung vom 4. September 2010 immerhin eine Stärke von 7,3. Das vergisst hier keiner, sagt Georg. Und man lernt daraus. So gaben mir Georg und Cornelia vor einer Übernachtung in ihrem Haus den Tipp, mich, wenn es nachts wackeln sollte, sofort dicht neben das

Bett zu legen. Einer der wenigen Plätze, die bei einer herabbrechenden Decke die Chance auf einen Hohlraum entstehen lassen. Wenn die tektonischen Tänze beginnen, freut man sich über jeden Ratschlag, über stabile neuseeländische Betten und Zimmerdecken in Leichtbauweise.

Noch zwei Jahre nach den starken Erdbeben sehe ich bei einem Rundgang durch die City von Christchurch Bauzäune, die den Innenbereich großräumig absperren. Ich kann rein gar nichts wiedererkennen. Da auch der Bauschutt schon weggeräumt wurde, fehlt mir völlig die Orientierung. Ich stehe vor einem Brachland. Dort hinten muss einmal die Kathedrale gewesen sein. Völlig irrational denke ich an den hübschen Bratwurststand mit blauweißer Werbefläche und großformatigem Neuschwansteinbild, der einst auf dem Platz vor der Kathedrale gestanden hat. Verkauft wurde dort original bayerische Wurst, die aber seltsamerweise *Wienerli* hieß.

Beim Erdbeben 2010 blieb die Turmuhr der Victoria Street bei 4.35 Uhr stehen – die Tageszeit des stärksten Bebens. Wohnungsnot, keine funktionierende Kanalisation, keine Wasserleitungen. Tausende von selbst gezimmerten Klohäuschen im Garten mit hoffnungsfrohen Herzchen darauf. Die Menschen übernachteten draußen, im Freien, im Hagley Park. Die Mieten, sagt Georg, seien teilweise um das Vierfache gestiegen. Achtzig Prozent aller Hotels seien beschädigt. Kreuzfahrtschiffe hätten glücklicherweise Übernachtungen angeboten, aber wenn dein Haus von den Versicherungsagenten als *rot* eingestuft wird, hast du gerade einmal eine halbe Stunde Zeit, um deine Sachen zu packen. Am schlimmsten aber war für die Menschen die Verlegung der Rugby-WM. Da waren sie wirklich geknickt, wirklich am Boden.

Aber – so erstaunlich es klingt – die Katastrophe hatte auch gute Seiten. Das zwischenmenschliche Verständnis, sagt Georg, habe sich verbessert, der Zusammenhalt der Menschen und ihr Mitgefühl seien deutlich intensiver als zuvor.

Reisegruppen, die aus dem unbeschädigten Umland, aus Akaroa, Ashburton oder Timaru, kämen, seien ergriffen davon, wie fröhlich, gelassen und kreativ die Bewohner mit der neuen Situation umgingen. Der unbeugsame *kiwi spirit* kommt gerade dort besonders gut zur Geltung, wo es darum geht, etwas wieder auf die Beine zu stellen. Zwei Jahre nach dem Beben sieht man überall Container mit improvisierten Läden darin und bunte Caravans mit kleinen, hingezauberten Vorgärtchen. Ein Tischchen vor einem Imbiss, eine hübsche Decke darauf, eine Rose in einer Glasvase. Überall entstehen hoffnungsfrohe Graffiti und Wandmalereien.

Georg erzählt von einem Grundstücksbesitzer, der eine neu entdeckte Quelle sofort als öffentliches Trinkwasserdepot angeboten hat. Innerhalb einer halben Stunde waren die Rohre und die Wasserhähne installiert. Selbst alte Vorurteile wurden über den Haufen geworfen, denn die australischen Inspektoren, die den Zustand der Häuser einschätzen mussten, erwiesen sich als ausnahmslos nett und zuvorkommend. Australien war das erste Land, das nach dem Beben konkrete Hilfe bereitstellte.

Während Ruamoko, das ungeborene Kind von Mutter Erde, noch weiter in der Gebärmutter rumort, kommt es bei realen Erdbeben häufig zu Spontangeburten. Am 4. September 2010, dem Tag nach dem stärksten Beben in Christchurch, gab es innerhalb von 24 Stunden einen regelrechten Babyboom. Allein im St.-George-Krankenhaus wurden 21 Geburten und damit der geburtenreichste Samstag verzeichnet, den es in Christchurch je gab. *Quake Babies* nennt man Kinder, die während oder kurz nach einem Beben geboren werden: Erdbebenkinder. Das Leben muss ja weitergehen.

Rugby – das Heilige Spiel

Gewinnt die neuseeländische Rugbynationalmannschaft ein Länderspiel, steigt neun Monate später die Geburtenrate an. Verlieren sie ein Spiel, eskaliert in Neuseeland die häusliche Gewalt. Sportliche Niederlagen des Rugbyteams können die Börse nach unten ziehen, nach einem siegreichen Spiel hingegen zeigt sich die Kaufkraft beflügelt. Besonders starke Ausschläge nach oben oder unten sind zu spüren, wenn man gegen den Erzfeind Australien angetreten ist. Der Schauspieler Richard Burton hat einmal gesagt, Rugby sei die wundervolle Mischung von *ballet, opera and bloody murder*, eine verrückte Mischung, die, nach Aussage des Sportjournalisten Adam Nicholson, die Rugbyfans zu euphorisieren oder zu lähmen imstande ist. Eine perfekte Kunst, die außerordentlich schwierig zu spielen sei und höchste Kontrolle und Präzision unter schwierigsten Bedingungen erfordere. Wenn sich Raffinesse in Aktion entladen soll, benötige der Rugbyspieler die Wahrnehmung und Fähigkeit eines Boxers, kombiniert mit der feinmotorischen Exaktheit eines Uhrmachers.

Rugby ist die Religion der Neuseeländer, die Stadien sind ihre Kathedralen, und der Rasen, auf dem das Spiel gespielt wird, ist ihnen heilig. Zum ersten Mal wurde Rugby von einer schnurrbärtigen Truppe wilder Burschen 1870 unterhalb des Botanical Hill in Nelson praktiziert – einer höheren Fügung nach genau in der geografischen Mitte des Landes. Bereits 35 Jahre später trat eine Truppe von Spielern eine weite Schiffsreise an, um England, das Mutterland des Rugby, zu demütigen. Und allerspätestens seit dem Gewinn der Weltmeisterschaft 2011 ist Neuseeland endgültig eine Rugbyweltmacht.

Ein Amerikaner, sagt man in England, weckt seine Frau in der Nacht auf, um Sex zu haben, ein Kiwi weckt sie auf, wenn die All Blacks auf der anderen Seite der Welt Rugby spielen und es im Fernsehen übertragen wird.

Sich freischaufeln. Ein Land erwacht.

Bis zum Jahr 1905 war Neuseeland dem englischen Königshaus loyal ergeben und galt als Bauernhof des britischen Empire. Bereits seit 1882 waren regelmäßig Frachtschiffe mit verderblicher Ware in den Hafenbecken Londons gelandet. Seitdem neue, fortschrittliche Gefriertechniken auf den Kühlschiffen Einzug erhalten hatten, brauchten die Neuseeländer auf der dreimonatigen Fahrt über die Weltmeere keine Verluste mehr zu befürchten und schafften nun Schiffsladung für Schiffsladung das Fleisch Tausender Lämmer und Schafe ins Mutterland. Und so war es kein Wunder, dass nach der Anlandung des neuseeländischen Schiffes Rimutaka im Hafen von Plymouth am 8. September 1905 die britische Presse beschämende Vergleiche aus dem Bereich der Landwirtschaft wählte, um die Fracht zu beschreiben, die Englands Südküste da erreichte. Doch es waren keine Lammrücken, die in Plymouth das Schiffsdeck verließen, sondern 27 durchtrainierte Männer, die in den folgenden Wochen für Entsetzen und Furore in Großbritannien sorgen sollten. Von den Engländern als Schafhirten und Hinterwäldler verspottet, machte sich die neuseeländische Rugbynationalmannschaft auf ihrer ersten großen Auslandsreise auf, einen Mythos zu schaffen, von dem das Land noch heute spricht. Neuseeland war damals gerade einmal 65 Jahre alt. Eine junge Nation mit einer kunterbunten Mischung aus schottischen, walisischen, irischen, polynesischen, deutschen, österreichischen und serbokroatischen Bewohnern. Von Zusammenhalt und einer Identität hatte man vor dem Jahr 1905 kaum sprechen können, und Rugby war als Sportart noch weitestgehend unbekannt. Das alles sollte sich während der »Welttournee« der Rugbyhelden nun schlagartig ändern. Die völlige Ignoranz der Briten konnte mit der bereits damals vorhandenen Professionalität der Kiwis nicht annähernd Schritt halten. Nach triumphalen Siegen, bei denen das neuseeländische Rugbyteam die britischen Gegner mit 4:55, 0:41, 0:32 und 0:34 abgefertigt hatte und auch den Schotten beim 7:12 keine Chance ließ, wurde spätestens beim Spiel der Spiele, dem Sieg gegen England, eine neue Nation geboren. Die All Blacks revolutionierten mit ihrer körperbetonten Spielweise das Rugbyspiel von Grund auf. Sie jagen auf dem Spielfeld vorwärts wie ein Rudel wilder Wölfe, schrieb die britische Presse begeistert. Auch Körpertäuschungen hatte bis zum Jahr 1905 auf Englands Sportstätten noch niemand gesehen. Eine Revolution für alle Feldsportarten vom Hockey bis hin zum noch jungen Sport namens Fußball.

Die All Blacks schlagen England am 2. Dezember im Crystal Park in London vor 70 000 Zuschauern mit 15:0. Es war die bis dahin größte Besucherzahl für ein Rugby-Match in England und die größte Niederlage, die das stolze

Königreich je erlebt hatte. Die Kolonie hatte ihr Kronland besiegt, und der Ruhm erreichte den Südpazifik in Windeseile. Als die Rimutaka im März 1906 wieder Auckland erreichte, war die ganze Nation auf den Beinen. Seit diesem Tag ist Rugby eine neuseeländische Ikone und Nationalsport Nummer eins, seit diesem Tag wurde das Wunderland Neuseeland in England als Auswanderland in der Presse gepriesen. »Ziehen Sie nach Neuseeland, dem Land, in dem die gesunden und natürlichen Bedingungen robuste, athletische Menschen hervorbringen.« Eine Sache allerdings wurde in der britischen Presse aus werbetechnischen Gründen verschwiegen. Der Haka, der Kriegstanz, den die neuseeländische Mannschaft vor jedem Rugbyspiel aufführte, um die Gegner einzuschüchtern, dieser Tanz hat seine Wurzeln in Ritualen mit kannibalistischem Hintergrund.

Rugby – ein Naturgesetz

Shannon Campell, der Betreiber des neuseeländischen Cafés *The Dairy* in Berlin, mag Rugby seit seinem vierten Lebensjahr nicht mehr besonders gern. Shannon, den neuseeländische Freunde mit ihrem Hang zur prägnanten Kürze nur kurz Shazzy nennen, führt dies auf das Ritual seines Vaters zurück, der zu den Spielen der All Blacks das ganze Haus verdunkelte und verschloss. »Alle Vorhänge zu, alle Türen abgesperrt, schwupp, saß man im Gefängnis, und dann wurde nur noch geschrien. Entsetzlich.« Shannons Rugbytrauma ist eine eher untypische Reaktion für einen echten Kiwi, denn für andere neuseeländische Jungs ist Rugby wie geschaffen als Sprungbrett in die Männerwelt. Der Vater gibt den Ball seiner Jugend an den Sohn weiter. So war es, und so wird es immer sein. Rugby ist generationen- und geschlechterübergreifend beliebt. Shannon Campell, der seit vielen Jahren in Deutschland wohnt, hat eine verblüffende Entdeckung gemacht. »Je länger ich von zu Hause fort bin, desto mehr kann ich dem Rugby abgewinnen. Dieser Sport ist die Nabelschnur in meine Heimat. Verrückt, ich habe diesen Sport nie sonderlich gemocht, aber je länger ich weg bin von Neuseeland, desto mehr verkehrt sich das.« »Rugby geht immer«, pflichtet ihm Judith bei, die im Café *Dairy* arbeitet.

Ein Freund hat mir die Regeln eines Rugbyspiels einmal so erklärt: Grundsätzlich geht es darum, einen eiförmigen Ball auf irgendeine Art übers Spielfeld zu bringen und ihn hinter einer Linie zu platzieren, während der Gegner Mittel anwendet, dieses Vorhaben zu unterbinden, die außerhalb des Stadions unweigerlich zu vierzehn Tagen Gefängnis führen würden. Wer vom Rugby keine Ahnung hat, sollte sich die drei Ps vom berühmten All Black Charlie Saxton merken: *possession, position, pace.* Ballbesitz, Position und Geschwindigkeit. Sie zeichnen das ganze Spiel aus und finden heute auch in der professionellen Fußballkunst Anwendung. Rugby sieht einfach aus, ist es aber nicht. Rugby hat Gesetze, aber keine Regeln, sagt man, und wahrscheinlich ist der Sport aus diesem Grund gerade bei neuseeländischen Rechtsanwälten so beliebt, denn diese Gesetze füllen dicke Schwarten, in die vermutlich kaum je ein Spieler hineingesehen hat. Bereits die vereinfachende Zusammensetzung, die im IRB-Buch *The laws of the game made easier* zu finden ist, füllt 195 Seiten. Einer der ehemals besten Spieler des australischen Rugby, David Campese, gab aus diesem Grund unumwunden zu, nicht wirklich alle Regeln zu kennen, aber er wisse ja auch nicht den Namen jedes einzelnen Knochens, den man sich beim Rugby brechen könne.

Wohl nirgendwo kann man besser verstehen, was Rugby für Neuseeländer bedeutet, als wenn man an einem kalten Regentag sechsjährigen Jungs dabei zuschaut, wie sie auf einem völlig harten und matschigen Boden Rugby spielten. Man sieht in den jungen Gesichtern, wie die Jungs Angst und Furcht überwinden. Rugby dient in Neuseeland auch der Charakterschulung. Ich selbst habe gesehen, wie Spieler beim Rugby ihre Gegner erst in den Boden stampften, um ihnen dann mit einem gewinnenden Lächeln die Hand zu reichen und ihnen wieder auf die Beine zu helfen, um dann, keine fünf Minuten später, vom selben Spieler selbst in den Boden gestampft zu werden.

Wenn Sie nach Neuseeland fahren, werden Sie die Kiwis darauf aufmerksam machen, dass Neuseeland nicht der einzige Ort der Welt ist, wo man nach Rugby verrückt ist. Auch in Europa gibt es Stätten, in denen Rugby religiösen Charakter angenommen hat. In der kleinen französischen Stadt Larrivière-Saint-Savin im Südwesten Frankreichs gibt es eine Kapelle namens *Notre Dame du Rugby*. In einem der bunten Kirchenfenster ist ein *Scrum* abgebildet, ein sogenanntes Gedränge. In einem anderen Kirchenfenster wiegt Maria einen verletzten Spieler in guter Pietà-Manier, und auf der Abbildung im Fenster daneben hält sie Jesus im Arm, der einen kleinen Rugbyball umklammert. Rugby ist wahrhaft ein göttliches Spiel, auch in Teilen Europas.

Rugbykarneval

Der Schafscherweltmeister David Fagan hat mich mit einer Legende des neuseeländischen Rugbysports zusammengebracht: mit Colin Meads, der auch Pinetree (Kiefer) genannt wird. Und da steht der alte Herr nun in der Küche, stemmt die Arme in die Hüfte, und anstelle eines kräftigen Haka lässt er nur wilde Beschimpfungen raus. »Das ist lächerlich, das ist peinlich, das gucke ich mir nicht an.« Was Colin Meads so in Rage versetzt, ist nicht etwa unser Gesprächsthema, die Sportart, die sich Rugby Sevens nennt, sondern die Verkleidungsfeste, die rund um dieses Event in den Städten gefeiert werden. Peinlich ist es dem Sporthelden, wenn gestandene Männer in Häschenkostümen durch die Städte ziehen. Aber Rugby Sevens soll genau das sein: purer Spaß, und davon haben neuseeländische Männer und Frauen rund um dieses Spiel jede Menge. Obwohl von einem schottischen Metzger erfunden, hat diese Rugbyform inzwischen bereits ihre höchsten Weihen erhalten und wurde sogar ins offizielle Sportprogramm der Olympischen Spiele in Rio de Janeiro 2016 aufgenommen. Beim Rugby Sevens treten, entgegen der klassischen fünfzehn, nur je sieben Spieler gegeneinander an, daher der Name.

Rund um Rugby Sevens entstand irgendwann ein bunter Karneval, der in den letzten Jahren immer verrückter wurde – und kein Neuseeländer kann genau sagen, wieso. Der wohl einzige Tag, an dem gestandene Männer sich in rosa Ballerinakostüme zwängen, als Buzzy Bee oder gar als Borat im grellgrünen Longstringtanga halb nackt durch die Stadt laufen. An solchen Tagen achten neuseeländische Mütter strengstens auf ihre jüngeren Töchter, die den zumeist betrunkenen Kerlen dann nicht zu nahe kommen dürfen.

Sport und Adrenalin

Outdoorsport gehört in Neuseeland zum Alltag wie in Argentinien das Tangotanzen, und natürlich sind die Kiwis wahre Könner und Kenner, wenn es um die Bewegungskunde unter freiem Himmel geht. Wer an der Westküste der Südinsel unterwegs ist und beispielsweise den Pororari River zu Fuß durchqueren muss, kann unerfahrene Individualtouristen recht bald von Neuseeländern unterscheiden. Denn viele Touristen ziehen beim Flussdurchqueren ihre Schuhe aus. Ein Neuseeländer würde das niemals tun. In der begeisterten Outdoorsportnation lernt man bereits in der Schule, dass man in Wanderschuhen bei Flussdurchquerungen einen weitaus besseren Halt hat und eingedrungenes Wasser die Füße schön warm hält.

Neuseeland ist vor allem für verrückte Sportarten wie Bungee-Jumping, Badewannenrennen, Schlammrutschen und Zorbing (Hügel-hinab-Rollen in einer riesigen Plastikkugel) berühmt. Natürlich kennt man aber auch ganz »normale« Sportaktivitäten wie Gletscherwandern, Surfen, Tennis und Tramping (womit Wandertouren inklusive eventueller, bereits erwähnter Flussdurchquerungen gemeint sind). Mehr als die Hälfte aller Neuseeländer gehört einem Sportverein an. Mehr als zwei Millionen Neuseeländer üben ihren Sport regelmäßig aus. Lange Zeit orientierte man sich fast ausschließlich an den Sportarten, die auch im britischen Empire eine Rolle spielten, wie Rugby, Kricket, Golf, Netball, Tennis und Pferderennen. Vom Rugby einmal abgesehen, stagniert das Interesse an den traditionellen Sportarten jedoch.

Im *gear shed*, im Ausrüstungsschuppen der Neuseeländer (meist in ihrer Garage), stapelt sich alles, was draußen unter freiem Himmel Spaß bringt: Surfbretter, Kites (Lenkdrachen), Mountainbikes, Kajaks, Wander- und Kletterschuhe, Angeln und Skier. Der Reichtum des Landes liegt in der großen Auswahl an verschiedenen Landschaftstypen und der damit verbundenen Sportvielfalt. Neuseeländer sind, wenn man die »Feueraktivitäten« Vulkanbesteigen und Vulkaninselwandern auf White Island mit hinzuzählt, eigentlich mit allen vier Elementen sportlich vertraut. Mit Vorliebe allerdings bewegen sich die Kiwis auf dem Wasser.

Wasser

Neuseeländern gelingt es, selbst völlig unterschiedliche Sportarten unter einen Hut zu bringen, Golf und Rugby beispielsweise. Bei einer in Neuseeland erfundenen Sportart namens *Golf Cross* werden kleine eiförmige (!) Golfbälle nicht in Löcher, sondern in ein gespanntes Netz gespielt. Ansonsten gelten fürs »Rugby-Golfen« die Regeln des Golfspiels. Natürlich kann der Neuseeländer diese Verschmelzung zweier Sportarten auch mühelos auf die Wasseroberfläche verlegen. So verbindet er bei einem Sport, der sich *Jetski Fishing* nennt, zwei so konträre Kiwileidenschaften wie

Motorsport und Angeln. Ich wäre nun eigentlich davon ausgegangen, dass man mit einem Jetski die Fische auf Nimmerwiedersehen vertreiben würde, da Jetskis gemeinhin als laute »Motorräder auf dem Wasser« bekannt sind, doch in Neuseeland düsen Wassersportler mit ihren heißen Maschinen erst hinaus auf die hohe See, stellen dann die Motoren ab, ziehen ein kleines Sonnendach auf und sitzen (oder liegen) ganz relaxed auf ihren treibenden motorisierten Plattformen und angeln. Ein Liebhaber der neuen Trendsportart *Jetski Fishing* sagte mir: »Das ist eine gute Mischung, erst auf einer Art Harley-Davidson übers Wasser zu rasen, danach abzuschalten, zu entspannen und schließlich noch einen leckeren Fisch für die Familie mit nach Hause zu bringen.« Powern und relaxen. Yin und Yang auf Neuseeländisch eben.

Als Besucher Neuseelands sollte man sich auf keinen Fall die Regatta von Ngaruawahia entgehen lassen. Jedes Jahr im März treten die Māori-Stämme des Distrikts Waikato im Waka-Wettkampf gegeneinander an. Die Māori aus Waikato sind dafür berühmt, begnadete Kanufahrer zu sein und die schönsten Kanus zu bauen, und was man bei dieser Regatta zu sehen bekommt, ist wirklich eine Augenweide.

Der vorn hoch aus dem Wasser aufragende Kiel jedes Bootes ist über und über mit prachtvollen Holzschnitzereien geschmückt. Dominierende Motive sind mythische Figuren, spiralige Muster, junge Farnpflanzen und elegant geschwungene Wasserwellen. Die Schnitzereien am Bootskiel sind so gestaltet, dass die Luft hindurchzirkulieren kann. So findet der Wind seitwärts kaum eine Angriffsfläche, das Boot bleibt stabil und hält die Spur. Ähnlich wie die traditionellen neuseeländischen Tattoos auf die Herkunft einer Person hinweisen, verraten auch die Schnitzereien viel über die Herkunft eines Stammes. Die Kanus vom Waikato-Fluss sind weitaus mehr als nur Boote oder Transportmittel. Es sind jahrhundertealte Abstammungsurkunden.

Die Stämme treten in traditioneller Kleidung auf dem Waikato River gegeneinander an. Wer die perfekt choreografierten Inszenierungen mit den Stechpaddeln sieht und die rituellen Chorgesänge der Paddler hört, fühlt sich wie durch einen Zeitstrudel in die Vergangenheit versetzt. Ein wirklich einmalig schönes Erlebnis.

Den schnelleren Varianten auf dem Wasser kann ich persönlich nicht allzu viel abgewinnen. So haben mittlerweile, laut der Tourismusbehörde in Queenstown, bereits über drei Millionen Menschen an einem Spektakel teilgenommen, bei dem man mit einer Geschwindigkeit von fünfundsiebzig Stundenkilometern übers Wasser fliegt. Bei den Hochgeschwindigkeitsrennen der Jetboats werden pro Minute 27 000 Liter Wasser angesaugt und hinten wieder ausgespuckt. Eine Erfindung und ein Patent des neuseeländischen Farmers Bill Hamilton aus dem Jahr 1950. Die immer gut gelaunten und braun gebrannten Piloten machen sich einen Spaß daraus, über Stromschnellen zu brettern und danach haarscharf an Felsvorsprüngen vorbeizurasen. *Ladies and gentlemen, that's all real rock, no tricks, no fakes.* Der Adrenalinspiegel wird hochgekitzelt, die Jetboats werden aber dann im allerletzten Moment doch noch herumgerissen. Man wirbt damit, einst sogar Königin Elisabeth II. mit einem Jetboat ein Lächeln ins Gesicht gezaubert zu haben, möchte allerdings keine genauen Geschwindigkeitsangaben über diesen Vorfall machen.

Eigentlich müsste es beim Nationalsport der Neuseeländer, dem Segeln, wesentlich gemütlicher zugehen. Doch wer einmal bei starkem Wind und Regen in einem echten America's-Cup-Schiff in satter Schräglage auf hoher See vor Auckland unterwegs war, weiß, wie verflucht anstrengend Segeln sein kann. Wahre Kiwis erledigen auch die schwierigsten Manöver im Handumdrehen, da sie das Segeln bereits von Kindesbeinen an erlernen. Der Nationalheld, der spätere zweimalige Gewinner des America's Cup Sir Peter Blake, war gerade erst fünf Jahre alt, als er anfing, Segelschiffe zu bauen. Blake begründete den sportlichen Ruhm einer segelbegeisterten Nation. Nicht allein durch seinen Sieg beim bedeutendsten Segelrennen, sondern auch durch den Gewinn der Jules Verne Trophy für die schnellste Nonstop-Umsegelung der Welt.

Der Segler Peter Blake war ein robuster und lässiger Kiwi. Sein Markenzeichen waren seine roten Glückssocken. Unglücklicherweise trug er sie nicht, als er im Dezember 2001 von Piraten im brasilianischen Amazonasgebiet erschossen wurde. Ein Tag, der in Neuseeland zum Staatstrauertag erhoben wurde.

Luft

Wer in Neuseeland in die Luft gehen möchte, denkt wahrscheinlich nicht sofort an die Reise mit einem Heißluftballon. Dabei bietet das Ballonfahren wirklich imposante und vor allem neue Sichtweisen auf das vielfältige Land. Allerdings gibt sich der typische Kiwi natürlich mit schnödem Ballonfahren allein nicht zufrieden. Irgendwie muss da immer noch ein zusätzlicher Kick hinzukommen, sonst sind Neuseeländer sportlich unausgelastet. Bei der größten Zusammenkunft der Heißluftballonfahrer in Hamilton gilt es denn auch, aus dem Ballon heraus ein Stück Kuchen aus der Luft zu schnappen, das an einem dreißig Meter hohen Mast befestigt ist. Obwohl bei dieser *Cake Crab Competition* stets ein hohes Preisgeld ausgesetzt ist, gelang das Unterfangen »Luftkuchensport« bisher nur selten.

Auf die Idee, Kuchen in Höhlen zu hängen und sie dort aus der Luft zu fischen, ist allerdings noch kein Kiwi gekommen. Obwohl das sicherlich eine interessante Variante jener Sportart wäre, die sich in Neuseeland *Abseiling* nennt. *Abseiling* ist die wohl schönste Art der Höhlenerkundung. Sicher angegurtet und mit einem Helm auf dem Kopf lässt man sich zum Beispiel bei einer der interessantesten Besichtigungen des Landes in den Waitomo Caves von oben in die Höhlen hinunterseilen. Wer dann im Dunkeln frei schwebend Tausende von kleinen *glow worms* schimmern sieht, glaubt sich in einer Kathedrale unter den Sternen. Im Gegensatz zum leicht verständlichen Begriff *Abseiling,* der in der Tat Abseilen bedeutet und wahrscheinlich vor längerer Zeit von österreichischen Bergsteigern nach Neuseeland exportiert wurde, handelt es sich bei den *glow worms* allerdings nicht um Glühwürmchen, sondern um leuchtende Pilzmückenlarven. Die schönste und größte der drei Waitomo-Höhlen ist übrigens die »Höhle der Hunde«, in der man sich nicht nur leuchtende Larven, sondern auch imposante Tropfsteine ansehen kann.

Rund um die Funsport-City Queenstown werden zahlreiche luftige Sportarten angeboten, sei es nun Fallschirmspringen, der sogenannte Sky-Dive oder der *Canyoning Swing*, das waghalsige Schwingen über einer Schlucht an einem Seil.

Die berühmteste aller Luftsportarten jedoch ist und bleibt das Bungee-Jumping, das in Neuseeland erfunden wurde. Der Neuseeländer Alan John Hackett hatte auf dem pazifischen Archipel Vanuatu junge Lianenspringer gesehen, die sich von dreißig Meter hohen Holztürmen in die Tiefe stürzten, wobei ihre Knöchel allein an Lianen befestigt waren. Gemeinsam mit seinem Partner Henry van As entwickelte Hackett aus diesem polynesischen Initiationsritual eine neue Funsportart – er stürzte sich 1987 mit einem elastischen Gummiseil vom Eiffelturm und startete damit einen beispiellosen weltweiten Boom. Längst ist Bungee-Springen in Neuseeland zu einer landesweiten Hauptattraktion geworden.

In der inoffiziellen Welthauptstadt des Adrenalin, in Queenstown also, gibt es sogar eigene Funsportberufe. Der *Jump-Instructor* zum Beispiel hat die Aufgabe, beim *Water-Bungee* für den ultimativen Kick zu sorgen. Hier geht es um einen Sport, bei dem man kopfüber in einen Fluss springt, vom Seil aber (rechtzeitig) wieder herausgezogen wird. Der *Jump-Instructor* muss den Springer, der sich von einer Brücke hinabstürzt, auf die korrekte Atmung aufmerksam machen, damit dieser nicht vor Aufregung Wasser schluckt. Sehr wichtig ist es, den Bungee-Springer zu wiegen und genau zu berechnen, wann der Kautschukstrang den freien Fall über der Wasseroberfläche abbremsen muss, damit der Springer den kurzen Tauchgang ins kühle Nass auch richtig genießen kann, nicht zu viel Wasser schluckt und sich keine Beule holt.

Bungee-Jump-Instructoren werden zudem in Psychologie und Rhetorik geschult. Wenn jemand auf Teufel komm raus nicht springen möchte, wie jener völlig aus der Art geschlagene Rugby-All-Black-Spieler, dessen Namen in Queenstown nun niemand mehr aussprechen darf, wenn jemand also partout nicht runter möchte, darf ein *Bungee-Jump-Instructor* auf keinen Fall schubsen. Was macht der geschulte Mensch aber stattdessen? Er versucht den Sprungwilligen mit allen rhetorischen Kniffen zu überzeugen, wie schön der Flug durch die Luft doch sein könnte. Bei jenem berühmten Rugby-All-Black-Spieler hat allerdings alle Redekunst nichts genutzt. Er stand auch nach einer halben Stunde immer noch oben auf der Plattform und kämpfte mit den Tränen, als plötzlich Steffi Graf am Horizont im Helikopter auftauchte, um mal eben vor seiner Nase einen Sprung in die Tiefe zu machen, wieder in ihren Hubschrauber zu steigen und von dannen zu fliegen.

Mittlerweile gibt es rund um Queenstown über siebzig verschiedene Möglichkeiten, sich in die Tiefe zu stürzen, sei es von einer Brücke oder aus einem Helikopter. Wenn man in Queenstown allerdings so etwas Schlichtes und Einfaches wie einen *Flying Fox* anbietet, eine Attraktion, die es einem erlaubt, sich über ein Stahlseil von Baum zu Baum zu rollen, dann geht das natürlich nur, indem man das weltweit steilste Seil anbietet. Adrenalin verpflichtet.

Als ich die halsbrecherische Tour hinter mir hatte, wollte ich auf keinen Fall ein neues Adrenalin-*upgrade* buchen, sondern nach den vielen aufregenden Funsportarten endlich ein bisschen entspannen. Der Ratschlag eines *Adventure Managers* führte mich zu der derzeit in Queenstown zweitbeliebtesten Sportart nach dem Bungee-Jumping: dem *Clay Target Shooting*. Auf einer Farm, auf der auch Hirsch und Reh zu Hause waren, zeigte der *Instructor*, wie man sich mit einer Beretta-12-Gauge-Shortgun »entspannt«. Nach Aussage des Betreibers eine der wenigen Möglichkeiten, in Queenstown mal wirklich zur Ruhe zu kommen. Peng!

Land

Nachdem man 1862 einen riesigen Klumpen Gold im *Shotover River* gefunden hatte, (der vor der Erfindung des Jetboats freilich noch nicht so hieß), war das Goldsuchen früher der einzige Nervenkitzel in Queenstown. Auch heute findet man gelegentlich noch Gold im Fluss, die zwei Millionen Touristen jährlich kommen jedoch wegen ganz anderer Attraktionen in die Adrenalinstadt. In den Hostels sind die Wände für die Backpacker mit Hunderten von kleinen Kärtchen gespickt, auf denen sich die verrücktesten Aktivitäten in Kurzfassung präsentieren. Bungee-Jumping, Jetboating und Skifahren sind dabei nur die Spitze des Eisbergs. Sehr in Mode gekommen ist in den letzten Jahren das Mountainbiking. Wer möchte, kann sich auf einer dreitägigen Tour Kombipakete buchen, bei denen man sich zum Beispiel mit dem Mountainbike aus dem Helikopter stürzt. Natürlich gibt es auch weniger spektakuläre Varianten. Man kann seinen Ausflug auch mit einer Fahrt auf dem Raddampfer *TSS Earnslaw* über den Lake Wakatipu beginnen. Anschließend wird die gesamte Ausrüstung mit Fahrzeugen rauf zu den Mavora Lakes gebracht, von denen aus man mit seinem Mountainbike auf Waldwegen 56 km lang durch die Wälder rasen kann.

Wesentlich stressfreier kommt man auf den sogenannten *Great Walks* voran. Die staatliche Organisation Neuseelands, die sich der Erhaltung der Umwelt verpflichtet fühlt, heißt *Department of Conversation* (DOC). Sie hat neun große Wanderwege ausgerufen, um die Touristenströme steuern zu können und dadurch die Umwelt etwas zu schonen. Ein eigener Pass, der *Great Walk Hut Pass*, sichert einem Wanderer auf diesen Routen die Übernachtungen, allerdings darf man nie mehr als zwei Nächte in einer Hütte oder auf einem Campingplatz der *Great Walks* verbringen. Frühzeitige Buchungen sind auf allen neun berühmten Wanderrouten sehr sinnvoll.

Völlig losgelöst von jeglicher Planung kann man sich in Opotiki in der Nähe der Stadt Whakatane einer Bodensportart der etwas ungewöhnlicheren Art hingeben. Der kleine Ort, der damit wirbt, keine Parkuhr und keine Ampel zu besitzen, bietet auf einer neunzig Meter langen Schlammpiste einen *Mega Mud Slide* an. Der Belag für die glitschige Piste wird extra aus Te Karaka nahe Gisborne herbeigeschafft, um Opotiki im Dezember und Januar zur schlammigsten Stadt Neuseelands zu machen. Obwohl sich das Schlammrutschspektakel ziemlich wild und chaotisch anhört, ist in Opotiki alles klar geregelt. An jedem der Schlammlöcher, in die die Schlammgleiter platschen, hat man eigens einen *Mud Guide* postiert, der alle Besucher mit einem Schlauch wieder säubert. Wer allerdings die hautpflegenden Eigenschaften des Schlamms voll ausnutzen möchte, kann natürlich auch – unabgespritzt und ungesäubert – den lieben langen Tag mit einer Schlammkruste bedeckt durch Opotiki laufen. In der Schlammstadt stört sich wirklich niemand daran.

Das Leben auf dem Lande

Kleine, abgelegene Orte nennt man im Deutschen Hintertupfing, Kleinkleckersdorf oder Posemuckel. Orte, die es nicht gibt, und dennoch weiß jeder sofort, was gemeint ist. Die Neuseeländer nennen so einen Ort *Waikikamukau*, gesprochen: *Why kick a moo-cow*? Übersetzt heißt das: Warum eine Muh-Kuh treten? Diese etwas despektierliche Bezeichnung ist von den ersten weißen Siedlern erfunden worden, die ein real existierendes Nordinselörtchen mit Māori-Wurzeln namens Waipukurau nicht richtig aussprechen konnten. Wahrscheinlich waren diese Siedler Städter, denn wie bereits erwähnt sprechen die Landbewohner in Neuseeland von ihrer kleinen Town auch dann mit dem allergrößten Respekt, wenn das Städtchen nur aus einem Landhaus, einem Stall und einer Koppel besteht. Immer wieder kommt es in Neuseeland zu Protesten kleiner Gemeinden, die sich durch abfällige Namensgebungen diffamiert fühlen. Eketahuna zum Beispiel, ein 600-Einwohner-Städtchen auf der Nordinsel, war im Volksmund so sehr zu einem Synonym für Abgeschiedenheit und Einöde geworden, dass die Bevölkerung geschlossen auf die Straße ging, um gegen die Lästereien im Rest des Landes zu protestieren. Mit Erfolg. Eine landesweite Medienkampagne schaffte es, dass Neuseeländer nun für kleine, beliebige, abgelegene Orte wieder das gute, alte *Waikikamukau* als Platzhalter wählen. Einige Kiwis jedoch verweigern sich der begrifflichen Monokultur und nehmen sich die Freiheit, abgelegene Gegenden in Neuseeland einfach *wop-wops* zu nennen.

Farmer genießen in Neuseeland großen Respekt, nicht nur weil sie die Helden des größten Wirtschaftszweigs, der Landwirtschaft, sind, sondern weil sie sich teilweise unter widrigsten Umständen ihre Existenzen aufgebaut haben. Früher gab es ein Sprichwort, das hieß: Den Ersten der Tod, den Zweiten die Not, den Dritten das Brot. Es brauchte in der Tat in einigen Regionen oft drei Generationen, bis sich auf einer Farm so etwas wie bescheidener Wohlstand einstellte. Die Mythen, die solche Farmerfamilien umgeben, sind legendär und werden bis heute in den über dreißig verschiedenen Zeitschriften und Magazinen, die der Outdoorkultur und der Landlust huldigen, wieder und wieder erzählt.

Aber zurück nach Kleinkleckersdorf, also ins neuseeländische *Waikikamukau*, wo tagtäglich das entspannte Nichts regiert. Völliges Layback. Kein Lebensmittelladen, keine Post, keine Schule, keine Eile. Man lebt von Wellblechkunst, baut sich seine Nahrungsmittel selbst an, fährt barfuß auf dem Fahrrad über seine Ranch oder betreibt skurrile ländliche Sportarten, übt sich also im Gummistiefelweitwerfen, im Ackerwettfurchen oder in Einkochmeisterschaften für Marmelade und Gemüse. Es ist schon erstaunlich, was heute alles so auf dem neuseeländischen Land geschieht. Aus Gegenden, in denen früher am Ende der Nachrichten sogar die entflogenen Wellensittiche namentlich vorgelesen wurden, berichtet das bekannteste und älteste Fernsehformat Neuseelands, der *Country Calendar*, heute von fröhlich auf den Drähten ihrer Umzäunungen musizierenden Farmern, die dabei von der ebenso fröhlichen Farmerin auf dem Klavier begleitet werden. Der als Harfenspieler reüssierende Landwirt wurde übrigens in den Medien frenetisch gefeiert und landete für kurze Zeit sogar in den Charts.

Ein Stiletto als Flaschenöffner

Auch wenn Neuseeland das erste Land der Welt gewesen ist, in dem Frauen das Wahlrecht zuerkannt wurde, und auch wenn es als erstes Land der Welt zwei Frauen an der Staatsspitze hatte, zumindest auf dem Lande jedoch stand für lange Zeit zumeist noch der neuseeländische Mann, der gestandene *kiwi bloke,* im Mittelpunkt. Da sich die neuseeländischen Frauen diesem Phänomen auf Dauer aber nicht beugen wollten, wurden verschiedene kreative Wettbewerbe ins Leben gerufen. Einer der bekanntesten ist die Wahl zur *Perfect Southern Woman*. Bei diesem Wettbewerb ist weniger das elegante Flanieren über den Catwalk oder die schönste Frisur gefragt, vielmehr wird hier die beste Allrounderin gekürt. So ging es in den letzten Jahren unter anderem darum, welche Frau am schnellsten eine Anhängerkupplung wechseln, ein Loch für einen Zaunpfahl graben, einen Hubschrauber steuern, ein Possum häuten, ein Schaf scheren und einen Socken stopfen konnte. Am besten gefallen hat mir der Wettbewerb, bei dem die Kandidatin ein Kaninchen häuten, ein Lied pfeifen, ein Jetboat steuern, jemandem einen Haarschnitt verpassen, ein Quad fahren, einen Traktoranhänger wenden, Fischpasteten zubereiten, auf einem Billardtisch zehn Kugeln versenken und mittels eines selbst gewählten Werkzeugs eine Bierflasche öffnen musste. Die Siegerin Debbie Scurr löste die letzte Aufgabe mithilfe eines roten Stöckelschuhs. Auch im wahren Leben liebt die Mutter zweier Kinder rote Stilettos, gab sich aber nach der Siegerehrung ganz *kiwi-like*, also bescheiden. Der Sieg sei schön, aber schließlich sei sie von Beruf Friseurin und habe somit gegenüber den Konkurrentinnen in der Disziplin Haareschneiden einen kleinen Vorteil gehabt.

Der Begriff der *Perfect Southern Woman,* oder wie es in den Ankündigungen für den Wettbewerb heißt: der *Ultimate Southern Woman*, kennt übrigens auch ein Pendant, den sogenannten *Southern Man.* Diesen feststehenden Begriff gab es, wie könnte es anders sein, natürlich lange vor demjenigen der Southern Woman; er bezeichnet all die kernigen Burschen, Jäger und Farmer, die rund um die High Country, insbesondere in Central Otago und im Mackenzie-Becken auf der Südinsel, geboren und zu Hause sind. Eine bergige, trockene, von wilden Tussock-Sträuchern geprägte Gegend, weitab jeder städtischen Zivilisation. Eine harte Gegend, die noch weitaus härteren Kerlen so einiges abverlangt. Stereotypisch umweht den *Southern Man* ein Hauch von Wildwest, und so tritt er dann in Werbespots und Spielfilmen auch als (gern betont) heterosexueller Country-Hut-Träger im klassisch schwarzen Arbeitshemd in Erscheinung, der seine Schafe völlig entspannt vom Pferdesattel aus im Auge behält. Ein richtiger *Southern Man* würde sich niemals als Staub aufwirbelnder, wild gewordener Quadfahrer produzieren, sondern vielmehr als verschlossener, wortkarger, verlässlicher, maskuliner Charakter, der eine ungezügelte Vorliebe für weite Landschaften hegt. Jahrelang traten in den Werbespots der Biermarke *Speight's Beer* Männer auf, die den durstigen *Southern Man* mit all seiner Liebe zu den ländlichen Regionen der Südinsel verkörperten. Bis dann herauskam, dass die Darsteller in den Filmen tatsächlich aus Auckland oder, noch schlimmer, aus Australien kamen. Ein

Skandal, der nicht nur die neuseeländische Bierlandschaft erschütterte.

Vom Verschwinden einer Welt

Richtige neuseeländische Männer wuchsen prinzipiell zu unverwüstlichen Haudegen heran. Sie schürften nach Gold, jagten Wale, schnitzten Flöten aus den Gebeinen ihrer Feinde und fällten riesige Bäume. In Ermangelung des Kampfes gegen wilde Tiere begannen sie damit, den Gefahren von Gummiseilen zu trotzen oder ihr Adrenalin zu pushen, indem sie die Pfosten ihrer Weidezäune in Rekordzeit einrammten. (Den beiden Neuseeländern Jason Wynyard und David Bolstad gelang es sogar, Weltmeister im Holzhacken zu werden.) Es gab eine Zeit, da konnte jeder anständige *kiwi bloke* seinen kaputten Toaster mit einem 8er-Draht reparieren. Auf den Familienfarmen wurde jede Kuh mit ihrem eigenen Namen angesprochen.

Leider lässt sich diese liebevolle Sichtweise auf die neuseeländische Idylle nur noch bedingt aufrechterhalten. Längst haben Globalisierung und Turbokapitalismus auch die Landwirtschaft in Neuseeland erreicht. Die Katastrophe für die meisten Männer Neuseelands trat ein, als die ersten Frachtmaschinen landeten und funktionierende Geräte aus Japan, Amerika und Europa nach Neuseeland brachten. Was für einen Sinn macht es denn noch, wenn ein *bloke* seinen Traktor zwar mit einem Draht No. 8 reparieren kann, es die Ersatzteile aber längst um die Ecke im Warenhaus zu kaufen gibt? In einer Kneipe habe ich allen Ernstes Frauen darüber diskutieren hören, ob die neuseeländischen Männer allmählich überflüssig würden. Irgendwie müsse bei der Evolution etwas schiefgelaufen sein, wenn aus den einst kernigen Burschen nun allesamt überaus zuvorkommende *humble men* geworden seien, die sich noch nicht einmal zu schade sind, in Wettbewerben wie dem des Marmeladeneinkochens gegeneinander anzutreten. »Verliert Neuseeland sein maskulines Image?«, fragte eine Zeitung des Landes besorgt.

Allerdings hat Neuseeland durch die Globalisierung noch mehr zu verlieren als nur die übertriebene Männlichkeit seiner *blokes*. Von den ehemals vierzig Millionen Schafen gibt es allenfalls noch die Hälfte! Wesentlich mehr Geld als mit der Schafzucht lässt sich heute mit der Milchwirtschaft verdienen. Da Neuseeland sich, was Milch- und Milchprodukte betrifft, als zukünftigen Supermarkt für Indien und China sieht, sind auf der Südinsel Farmen mit über Tausend Kühen keine Seltenheit mehr. Zwischen den beiden großen Flüssen Rakaia und Waitaki im Süden der Provinz Canterbury gibt es mittlerweile so viele neue Rinder und Kühe, dass die ökologische Belastung selbst an den Neuseeländern nicht unbemerkt vorübergeht – obwohl man in Hinsicht auf Umweltschäden eigentlich eher robust ist. Der Wasserverbrauch im Gebiet zwischen den beiden genannten, etwa 150 Kilometer auseinanderliegenden Flüssen ist in einer Dimension angestiegen, die mit dem Zuzug von drei Millionen Menschen vergleichbar ist. Von Idylle also keine Spur mehr im verhältnismäßig trockenen Canterbury. Mit den Großfarmen gewinnt Neuseeland zunehmend ökonomische Anteile am Weltmarkt der Milchwirtschaft, verliert aber gleichzeitig Stück für Stück seine Reputation als naturbelassenes Land der Schafe und kleinen Farmen.

Noch hat man weiterhin große Achtung vor den Farmern. Zu einer Fernsehsendung wie »Bauer sucht Frau« würde ein neuseeländischer Farmer sich, zumindest in dem entwürdigenden Format, wie die Sendung in Deutschland präsentiert wird, niemals hergeben. Aber seine Autorität, der Respekt und die Achtung bröckeln. Der Anteil der Familienbetriebe und kleinen sogenannten *Mum-and-*

Dad-Farmen sinkt rapide. (In Neuseeland heißt die Mutter Mum anstatt Mom!) Die Farmer schließen sich zu Kooperationen zusammen, in denen sie lediglich Anteile an ihren Herden halten, weil sie nur noch als *share milker* eine Chance sehen, dem Druck eines völlig freien und deregulierten Marktes standzuhalten.

Interfarms Sharemilker ist ein Wirtschaftsprojekt, das es in dieser Art weltweit nur in Neuseeland gibt. Der Besitzer der Milchkühe muss kein eigenes Weideland besitzen, sondern schließt sich mit einem Grundbesitzer zusammen, wobei die Einnahmen geteilt werden. Auf diese Weise sind insbesondere in der Provinz Otago gigantische Viehherden entstanden. Mit Besorgnis verfolgt man den Niedergang der Schafzucht, die noch 1982 landesweit über 70 Millionen Tiere zählte. Eine Zahl, die sich heute halbiert hat, während der Anteil der Milchkühe sich rapide erhöht. Und mit noch größerer Sorge verfolgt man die ökologischen Schäden, die mit der Rinderzucht einhergehen.

Pupssteuer und Nachhaltigkeit

Neuseeland ist der achtgrößte Milchproduzent der Welt, und Neuseeland hat ein Verdauungsproblem. Die Millionen Kühe und Schafe sorgen für einen vermehrten Ausstoß des Treibhausgases Methan. Fünfzig Prozent dieser Treibhausgasemissionen stammen aus der Landwirtschaft, in Deutschland sind es gerade einmal sieben. Zwar hat Neuseeland das Kyoto-Protokoll unterzeichnet, möchte aber am liebsten keinen Cent für die damit verbundenen Verpflichtungen ausgeben. Eine von der Landwirtschaftslobby treffenderweise *fart tax*, also Pupssteuer, genannte Zusatzabgabe wurde von den Farmern vehement abgelehnt. Letztlich muss der teure Emissionshandel nun zu Lasten der Steuerzahler ausgetragen werden, um so das einst von der ehemaligen Premierministerin Helen Clark ausgerufene Ziel zu erreichen und als weltweit erstes Land CO_2-neutral zu werden. Jedenfalls zahlen in Neuseeland vor allem die Städter die Zeche für die mittlerweile sehr reichen Farmer, was sicherlich noch für weitere Methandiskussionen sorgen dürfte. In der neuseeländischen Gesellschaft, die sich mit ihrem unerschütterlichen Glauben an die Gleichheit aller Menschen bislang als ziemlich homogen ansah, hat es seit jeher soziale Unterschiede zwischen Māori und Pākehās (Nicht-Māori) gegeben. Schon immer gab es Farmen, die größer waren als die der Nachbarn. Aber niemals zuvor gab es Farmen, die obszön groß waren, und niemals zuvor gab es Farmer, die obszön reich waren. Das beginnt sich zu ändern.

Ein befreundeter Journalist sagte mir, die Homogenität der Bevölkerung habe es nie wirklich gegeben, und auch die Vermarktung des Landes als »clean und green« könne man so nicht aufrechterhalten. Jeder, der dieses Land wirklich liebe, könne über gewisse Dinge nicht mehr hinwegsehen. So habe etwa die expandierende Land- und Viehwirtschaft inzwischen bereits drei Viertel des natürlichen Waldbestandes vernichtet.

Ein weiteres Problem ist die in Neuseeland bisher kaum praktizierte Müllverbrennung. Tatsächlich haben die Farmer, die ihr Land, ihre Wälder und Flüsse als Eigentum betrachten, ihren Müll bislang einfach im Erdreich vergraben. Wilde Mülldeponien, sogenannte *land fills,* gehören immer noch zur Normalität in Neuseeland. Motorenöl wird zur Unkrautbekämpfung benutzt, oder es wird damit der Staub auf der Zufahrt zum Haus gebändigt. Neuseeland steht, was das ökologische Bewusstsein der Landbevölkerung angeht, etwa da, wo Deutschland in den 60er-Jahren des letzten Jahrhunderts stand. Das Land sei viel zu sehr auf wirtschaftliches Wachstum fixiert, höre ich von neuseeländischen Künstlern, Journalisten und Wissenschaftlern. Wegen seiner geringen Bevölkerungszahl seien die ökologischen Probleme jedoch nicht so schnell sichtbar. Trotzdem gebe es auf dem Lande bereits Flüsse, aus denen man besser nicht trinken solle, weil die Farmer alles darin verklappen, was an Abfall so anfällt.

Doch es gibt auch Anzeichen und gute Beispiele für umsichtiges, nachhaltiges Handeln. Air New Zealand hat erste Versuche gestartet, Kerosin zu sparen, indem sie das Öl von Purgiernüssen als Treibstoff verwenden. Als weltweit erster Bekleidungshersteller durfte die neuseeländische Firma *Untouched World*, die beim Anbau von Baumwolle und Seide völlig auf Chemikalien verzichtet, das UNESCO-Label »Bildung für nachhaltige Entwicklung« führen. Nachhaltigkeit hat sich auch der Outdoorausrüster *Icebreaker* auf seine Fahnen geschrieben, der nur mit wenigen lokalen Schaffarmen zusammenarbeitet, die ökologisch einwandfreie Merinowolle liefern. Trotz aller ökologischen Sünden hat das Land es immerhin fertiggebracht, bereits im Jahr 2006 Sieger eines weltweiten Umweltschutzvergleichs zu werden, den die US-Universitäten Yale und Columbia durchgeführt haben. Punkten konnte und kann Neuseeland vor allem damit, dass 75 Prozent des Energiebedarfs aus erneuerbaren Energien gedeckt werden und zehn Prozent des Landes als Naturschutzgebiete deklariert sind. Den absoluten Spitzenwert in allen ökologischen Vergleichen erreicht Neuseeland allerdings mit seinen Luftwerten. Schadstoffe sind in der klaren Luft, die von der pazifischen Strömung stets regeneriert wird, einfach kaum noch nachweisbar.

Bambis und die Helikopterkriege

Was fremde Arten betrifft, hat Neuseeland weitaus mehr Einwanderer als jedes andere Land der Erde. Als polynesische Siedler um das Jahr 1250 zum ersten Mal nach Neuseeland kamen, hatten sie viele Früchte und Samen dabei, die der neuseeländische Boden noch nie gesehen hatte: die Süßkartoffel Kumara, Kürbisse, Taro, Yams, Papiermaulbeerbäume und den pazifischen Cabbage Tree. Auch Ratten, Mäuse und Hunde wurden bereits von den Māori auf die Inseln gebracht. Ein Franzose verschiffte 1769 zum ersten Mal Schweine nach Neuseeland, die jedoch augenblicklich vertilgt wurden. Die Nachfahren der Wildschweine des James Cook jedoch bevölkern noch heute die Südinsel und heißen aus diesem Grund bei den Einheimischen auch *Captain Cookers*. Cook war es auch, der die ersten Ziegen und Hühner mit nach Neuseeland brachte. Vor 150 Jahren wurde ein Komitee in Auckland damit beauftragt, eine Auflistung aller unschädlichen Tiere, Vögel, Fische, Insekten und Gemüsearten aufzustellen, die man ohne Gefahren für das Ökosystem in Neuseeland aussetzen könnte. Mit der Auflistung dieser »harmlosen« Tiere und Pflanzen nahm die Tragödie ihren Lauf. Denn was man damals nicht voraussah: Tiere, die zu einem Ökosystem neu dazukommen und dort keine natürlichen Feinde haben, sind niemals harmlos oder unschädlich.

Wie sorglos man in Neuseeland lange Zeit in Sachen Artenschutz vorging, zeigen Ereignisse, von denen man in der Bevölkerung heute nicht sehr viel weiß und die im Internet kaum und in den Archiven der Radio-, Zeitschriften- oder Fernsehsender nur sehr schwierig zu recherchieren sind. Vom Eintreffen der ersten Siedler bis in die 60er-Jahre des letzten Jahrhunderts war es üblich, Pflanzen und Tiere nach Neuseeland zu bringen, die heute sicherlich von der Bio-Security (und ihren netten Hunden) rigoros abgewiesen würden. Aus »sportlichen Gründen« begann man im 19. Jahrhundert Rotwild in den Bergen der Südinsel auszusetzen. Einige Waipitis, ein Geschenk des amerikanischen Präsidenten Theodore Roosevelt, wurden 1905 vom Yellowstone National Park ins Fjordland der Südinsel geflogen. Da die Tiere in einem Ökosystem ausgesetzt wurden, in dem sie keinerlei Raubtiere vorfanden und anfangs sogar einem Schutz unterstanden, vermehrten sie sich rasant. Förster und Farmer waren schockiert, als bald schon nicht nur die zur Familie der Hirsche gehörenden Waipitis, sondern das gesamte Rotwild in Herden von Tausenden von Tieren über das Grasland zog. Die endemischen Pflanzen der alpinen Vegetation wurden durch die Herden größtenteils zerstört. Erosion und Erdrutsche waren die Folge.

Ab 1930 beauftragte die Regierung Spezialisten mit dem Abschuss der Tiere. Über Jahrzehnte hinweg versuchte man mit einer 125 Mann starken Rotwild-Eingreiftruppe der Hirschplage Herr zu werden. Allein 1950 wurden 50 000 erlegte Tiere gezählt. Im Lauf der nächsten Jahrzehnte ging die Jagd auf die Rehe, Hirsche und Waipitis in die Hände von privaten Jägern über, die inzwischen technologisch aufgerüstet hatten und die Tiere von Helikoptern aus verfolgten. Bis zu fünfzig Hubschrauber lieferten sich über den idyllischen Bergen des waldreichen Fjordlandes regelrechte Schlachten um die einzelnen Herden. Die teils toten, teils noch lebendigen Tiere wurden in riesigen Netzen über die schneebedeckten Berge in Auffanglager und deren Kühlhäuser ausgeflogen. Vereinzelt hatten Tierschützer in den Medien versucht, auf die Helikopterschlachten aufmerksam zu machen, und Bambi-Plaketten verteilt, als die Helikopterkriege 1973 ihren absurden Höhepunkt erreichten. Es gab inzwischen sogar Plattformen, von denen aus die Rudel mit

Maschinengewehren beschossen wurden. In einer wilden Helikopterschlacht um die Tiere, an der auch Wilddiebe beteiligt waren, kam es zu einigen Abstürzen von Hubschraubern, deren Piloten sich wohl gegenseitig beschossen hatten. Als die Regierung zwei mit Bomben ausgestattete Iroquois-Kampfhubschrauber der Luftwaffe orderte, um dem wilden Treiben auf der Südinsel ein Ende zu setzen, entdeckten die Soldaten über 140 000 Tierkadaver.

Die neuseeländischen Helikopterkriege waren letzten Endes Anlass, sich Gedanken um eine vernünftige Aufzucht und Kontrolle von Rotwild zu machen. Sieben Jahre nach diesen Ereignissen gab es in Neuseeland angeblich keine frei lebenden Hirsche und Rehe mehr. Alle Tiere, so hieß es offiziell, seien vollständig domestiziert und auf 1540 Rotwildfarmen verteilt worden. Doch war dem nicht so. Man hatte nicht alle Tiere einfangen können, und längst begann sich das Rotwild in den neuseeländischen Wäldern wieder auszubreiten. Übrigens gehen vierzig Prozent des weltweiten Exports von neuseeländischem Wild heute nach Deutschland. Ein Großteil davon in der Vorweihnachtszeit.

Wellblechwelten

Neuseeländer lieben die Variation. Sie lieben es, den Sachen der Welt eine neue Aufgabe zukommen zu lassen. Sie lieben es, den Dingen des Alltags auf den Grund zu gehen, denn vielleicht verbirgt sich ja gerade in einer angeschwemmten Holzwurzel oder einem Stück Blech ein tieferer Sinn, den man nur erkennen kann, wenn man das Ding in einen anderen Kontext setzt oder ihm eine andere Form gibt. Wellblech ist so ein Material, das bei den meisten Neuseeländern auf dem Lande unweigerlich den Impuls hervorruft, es kreativ zu verändern.

Nachdem die ersten neuseeländischen Siedler im 19. Jahrhundert ihre Häuser mit Wellblechdächern bedeckt hatten, fiel ihren Kindern und Enkeln irgendwann auf, wie robust das Zeug eigentlich ist. Die Dächer hielten sowohl Erschütterungen (kleinere Erdbeben) als auch stärksten Witterungseinflüssen (milde Winter) stand. Da Wellblechkonstruktionen so resistent sind, forderte dies natürlich irgendwann den Erfindergeist heraus, den die Neuseeländer bekanntlich in den Genen tragen. Das 1830 in Großbritannien erfundene Wellblech wurde im Laufe der Zeit neben seiner Verwendung als Dachmaterial auch für bunte Reklameschilder, Straßenschilder, Schulschilder und leidenschaftlich gern auch als Barbecue-Grillfläche verwendet. Das leicht angeschrägt aufgestellte Wellblech eignet sich über dem Feuer hervorragend als Grillrostersatz, über den das aus einem saftigen Steak heraustriefende Fett wunderbar seitwärts abfließen kann. Wellblech wird zudem für Baumhäuser verwendet, die für die Kinder gebaut werden (Achtung: scharfe Kanten abschleifen), ebenso für den Bau von Hundehütten oder Hühnerställen. Neuseeländische Farmer schwören außerdem, dass man bei Regen, der weich von oben auf ein Wellblechdach tropft, wesentlich besser einschlafen kann als bei Regen, der hart auf ein Flachdach trifft.

Der Künstler Jeff Thomson, der sich selbst als modernen James Cook darstellt, weil er nämlich gern in unbekannte Gewässer der Kunst segelt, hat seine gigantischen Wellblechkunstobjekte im ganzen Land verteilt. Besonders sein Wellblechgummistiefel in Taihape ist sehr bekannt. Richtigen Kultstatus hat Jeff Thomson mit der Verwandlung eines Automobils, eines HQ Holdon, in ein Wellblechauto erlangt, das heute sinnigerweise in Wellington (sic!) im Te Papa Museum zu sehen ist. Seine kühnen Schöpfungen bringen das Wellblech zum Tanzen, lobte ein neuseeländischer Kunstkritiker.

Aber was wäre Neuseeland mit seiner Wellblechkunst, wenn es nicht auch eine Wellblechhauptstadt hätte, um sie zu präsentieren?

Tirau ist eine 700-Seelen-Gemeinde in der Provinz Waikato auf der Nordinsel, dessen Niedergang begann, als erst die Bank, danach die Post und letztlich auch das einzige Warenhaus plötzlich dichtmachten. Doch sterbende neuseeländische Gemeinden dürfen die Hoffnung niemals aufgeben, dachte sich der Wellblechkünstler Henry Clothier, zumindest solange auch nur ein Funken Hoffnung besteht, dass die Aufmerksamkeit der Touristen eingefangen werden kann. Die Touristen waren massenhaft an dem unscheinbaren Ort vorbeigeströmt, bis 1998 dann ein Wollladen in Tirau eröffnete. Eine erste Aufgabe für Herrn Clothier, der den Laden gestalten durfte. Was passt wohl am besten zu einem Wollladen?, fragte sich der Künstler. Die Antwort: ein begehbares Wellblechschaf.

Als die Besucherzahlen in Tirau aufgrund des Wellblechschafs rasant anstiegen und der kleine Ort ein Informationszentrum brauchte, errichtete Henry Clothier gleich neben dem Wellblechschaf einen riesigen begehbaren Wellblechschäferhund. Und weil nun auch die Kirche der kleinen Wellblechgemeinde nicht außen vor stehen sollte, sich aber nicht dazu durchringen konnte, sich in ein Wellblechgotteshaus transformieren zu lassen, schuf Clothier wenigstens einen riesigen Pastor aus Wellblech, der nun für alle Zeiten als *good shepherd* im orientalisch-biblischen Wellblechgewand seinen Segen über die Gemeinde ausbreitet. Auf dass sie wachse, blühe und gedeihe.

Hundertwassers stilles Örtchen

»Toilette«, sagt mir ein Mann mit Māori-Abstammung, »Toilette heißt bei uns *whare paku*. Das bedeutet Scheißhaus.« Und all die schönen Plakate mit den bunten Lügen darauf, die man drüben im Ort Whangarei gerade auf den Straßen sehen könne, sagt der Māori, die gehörten hier hinein, in diese Toilettenschüssel. Und dann macht er eine eindeutige Geste mit dem Daumen, die jeden Gang auf eine neuzeitliche Toilette beendet. Die Wut im kleinen Ort Kawakawa ist verständlich. Schließlich hat Friedensreich Hundertwasser, den hier alle nur Frederick nennen, am 10. Dezember 1999 sein erstes Gebäude in der südlichen Hemisphäre hier und nirgendwo sonst errichtet. Ausgerechnet eine Toilette. Allerdings die mittlerweile wohl berühmteste Toilette des Planeten. Im Ort Whangarei hatte man ihn dafür seinerzeit nur verspottet, möchte den österreichischen Künstler nach dem immensen Erfolg seiner Kawakawa-Toilette heute aber mit einem großen Hundertwasser Art Center ehren.

Die Vorgeschichte, wie es zu der verrückten Idee des Toilettenbaus kam, lasse ich mir von Noma Shepherd erzählen, einer guten Freundin Hundertwassers, deren Mann Doug Shepherd einst beim Toilettenbau mitgewirkt hat. Ihr zufolge soll Hundertwasser zuerst den Plan gehabt haben, in der wesentlich größeren Gemeinde Whangarei ein Museum oder ein anderes öffentliches Gebäude zu bauen. Doch auf der Gemeindeverwaltung habe man ihn nur ausgelacht. Und Hundertwasser habe daraufhin entgegnet: »Nun gut, dann baue ich eben in meinem kleinen Kawakawa eine Toilette.« »Ja, geh nur und bau dir dein Scheißhaus.« Noma Shepherd runzelt die Stirn. »Tja, so hat es uns Frederick erzählt, das hätten sie ihm entgegnet. Und nun wollen sie davon natürlich nichts mehr wissen. Haben ihn einfach ausgelacht damals. Und Frederick hat dann sofort mit dem Bau angefangen, er wusste ja, dass wir unsere über 40 Jahre alten Toiletten hier dringend sanieren mussten.«

Ich stehe vor einer Toilette mit grün bewachsenem Dach, farbenprächtigen Mosaiken und einer intakten, wie es sich für die südliche Hemisphäre gehört, nach links drehenden Wasserspülung. Noma Shepherd ist es etwas peinlich, dass sie sich 2004 fast dafür eingesetzt hätte, eine Gebühr für die Toilette zu erheben. Damals haben die Touristen die Toilette nicht nur einfach besucht, sondern skandalöserweise auch tatsächlich benutzt. Ein Frevel, wie viele in der Gemeinde damals dachten. Die Beschmutzung eines Kunstwerks, bis ihr Mann ihr verraten habe, dass Hundertwasser sich diese Toilette als ganz normalen Ort gewünscht habe. »Frederick hat zu Doug gesagt, Toiletten seien wundervolle Orte zum Meditieren, worauf ihn mein Mann gefragt hat, ob er glaube, dass man auf einer Toilette so gut meditieren könne wie in der Kirche. Und Frederick hat gesagt, da sei etwas dran. Als Ort der Meditation seien eine Kirche und eine Toilette gar nicht so weit voneinander entfernt.«

Der Maler Friedensreich Regentag Dunkelbunt Hundertwasser hat Neuseeland zum ersten Mal in den 70er-Jahren anlässlich einer Ausstellung besucht. Die Schönheit des Landes hat ihn vom ersten Augenblick an gefesselt. Er liebte die Ungezwungenheit und Gelassenheit des Landes und die Tatsache, dass er unerkannt auf den Straßen Kawakawas flanieren konnte.

Hundertwasser stand oft nackt auf seinem Boot in der Bay of Islands und malte, auch im Regen. Er liebte den Regen und entwarf eine neue neuseeländische Nationalflagge. Eine nach rechts wuchernde Pflanze. Eine grüne Kauri-Spirale auf weißem Grund. In einem halbstündigen Kinofilm, der im Kawakawa Theatre zu sehen ist, sagt Hundertwasser: »Die Natur ist mein Lehrer, mein Meister.« Im

Film stellt Hundertwasser eines seiner Bilder in einen Baum. »Ich male meine Bilder langsam. So langsam, wie ein Baum wächst. Ich lasse die Dinge geschehen, ebenso wie die Wolken über den Himmel gleiten, der Fluss vor sich hinfließt.« Still mäandern die Farben über die Leinwand, und Hundertwasser lässt nach eigenem Bekunden auch einmal den Regen darüberperlen, um zu sehen, wie ihm die Natur ins Bild hineinmalt.

Jede kleine Gemeinde Neuseelands versucht von den Tourismusströmen etwas abzubekommen. Kawakawa hatte Glück. Das französische und das japanische Fernsehen waren bereits da und haben gefilmt, wie Touristen aus Spanien und Japan vor den bunten Säulen stehen und jeden Riss im Mosaikboden, jede in die Wand eingelassene Flasche abfotografieren und sich am Ende sogar mit ihrer Kamera über die Toilettenschüssel beugen. Das Cannabis, das einst auf dem Dach der Toilette wuchs, konnte rechtzeitig vor dem Eintreffen der Filmcrews entfernt werden.

Der Ort Whangarei gibt zu, dass die schönen Strände und die Innenstadt nicht ausreichen, um die Besucher Neuseelands »from the beaten track«, von ihren ausgetretenen Pfaden, abzubringen. Und um die Leute in die Stadt zu ziehen, soll also nun ein großes Hundertwasser Art Centre her. Dass man den Herrn Frederick Hundertwasser damals ausgelacht hat, als er von seinem Toilettenprojekt erzählte, davon will allerdings niemand mehr etwas wissen. Man würde gern am Ruhm der Toilette in Kawakawa partizipieren. Riesige Werbeplakate hängen in den Straßen der Stadt Whangarei. »Whangarei braucht Hundertwasser«, steht über einem Bild mit einem Entwurf für das Hundertwasser-Museum. Zu sehen ist ein kunterbunter Turm mit einem goldenen Zwiebelturm. Niemand möchte mir sagen, von wem dieser Entwurf stammt; von Hundertwasser sicher nicht. Auf dem Plakat ist zu lesen:

»Hundertwasser bringt Jobs.

Hundertwasser zieht Touristen und Investoren an.

Hundertwasser macht uns lebendig und attraktiv.

Hundertwasser bringt uns auf die internationale Landkarte.

Erhebt eure Stimme für eine bessere Zukunft.«

Der neuseeländische Premierminister John Key hat uns deutschen Journalisten in kleiner Runde 2012 erzählt, dass man in Whangarei jetzt »sein« Geld für das Hundertwasser-Projekt wolle. Begeistert hat er sich dabei nicht angehört. Spannend zu sehen, ob und wie es mit dem Hundertwasser Art Centre weitergehen wird und ob es wirklich je gebaut wird. Doch in Whangarei gibt man sich optimistisch.

Friedensreich Hundertwasser hat in Kawakawa unter einem Tulpenbaum seine letzte Ruhe gefunden, einem der Magnoliengewächse, die er so liebte. Ein Antrag auf Exhumierung und Überführung der sterblichen Überreste nach Whangarei sei nicht beabsichtigt, sagte man mir. Wenn allerdings das Hundertwasser Art Center dann fertig wäre, seien der Phantasie keinerlei Grenzen gesetzt.

Von Schafen und Lämmern

Seit Jahren geistern derart übertriebene Statistiken hinsichtlich der neuseeländischen Schafe durch die Medien, dass Besucher des Landes den Eindruck haben müssen, man bewege sich dort auf Schritt und Tritt durch große Schafherden. Auf der Südinsel kann es durchaus mal passieren, dass man mit dem Auto vor einer Schafherde bremsen muss, aber sonst? Die Zahl der Schafe war 1982 am höchsten, als im Land siebzig Millionen vierbeinige Wollträger herumliefen (22 Schafe pro Einwohner), heutzutage sind es gerade noch vierzig Millionen Schafe (zehn pro Einwohner), mit fallender Tendenz. Die Schafzucht lohnt sich angesichts sinkender Verdienstmöglichkeiten immer weniger. Eine Ikone Neuseelands gerät langsam ins Wanken. Immerhin gibt es in Neuseeland pro Kopf der Bevölkerung noch immer doppelt so viele Schafe wie in Australien. Dennoch ist es vor allem der ewige Konkurrent, der ständig Schafwitze über die Tasmanische See schickt. Wie wehrt man sich am besten gegen gemeine Überschriften australischer Provinzzeitungen wie diese:

»Sensationell: Neuseeländer haben endlich eine andere Verwendung für Schafe entdeckt – Wolle!«?

Mit Humor. Längst bietet man in sogenannten Kiwiana-Shops die allgegenwärtigen gelben »Verkehrs-Schilder« an, auf denen ein Mann mit Hut, zweifelsfrei ein Farmer, sich von hinten an einem Schaf zu schaffen macht. Ob die im Piktogramm dargestellte Person ein Neuseeländer oder ein Australier sein soll, ist dem Ladenbesitzer herzlich egal, Hauptsache, der Neuseeland-Dollar rollt. Touristen scheinen die Schilder zu lieben. Gelbe Piktogramme, auf denen Kiwis mit Pudelmütze auf Skiern zu sehen sind oder auf denen Warnungen vor die Straße kreuzenden Pinguinen ausgesprochen werden, machen heutzutage einen großen Teil des Umsatzes von Souvenirläden aus und liefern sich ein kommerzielles Kopf-an-Kopf-Rennen mit Paua-Muscheln, Merinoschals und Jadeschmuck. Die gelben Verkehrsschilder mit der sodomistischen Botschaft beleben das Geschäft, genau wie der ganze andere Krimskrams, so einfach ist das.

Humorvoll geht es ebenfalls rund um die zahlreichen Schafscherwettbewerbe zu, in denen sich die Schafhochburgen, die Städtchen Masterton und Te Kuiti, gegenseitig mit lustigen Wortspielen überbieten. In Masterton taufte die Redaktion der stadteigenen Zeitung ihr Blatt einst in *Wool-Street Journal* um (Persiflage auf das *Wall Street Journal*), und in den Schaufensterscheiben der Friseurläden sah man Schilder mit der Aufschrift »Baa-Baa Shop« (Persiflage auf einen Barbershop). Tapfer und mit einem Lächeln auf den Lippen steuert man dem Verlust der Schafwelten entgegen und beschwört die gute alte Zeit, als es normal war, eine Schafherde mitten durch Downtown Auckland zu treiben. Lang, lang ist's her.

Witze über Schafe sind völlig out in Neuseeland, charmante Wortspiele jedoch darf man, vor allem rund um die

Schaffeste, gern machen. Dabei liebt man ganz besonders die Wortspiele, die sich aus dem Begriff für das weibliche Schaf *ewe* ergeben. *Ewe* klingt im Englischen genauso wie das Personalpronomen *you*. Der Schafbock heißt *ram*, und schon wird aus beiden Romeo und Julia, nämlich: *Rameo and Jeweliet*. Nun ja, vielleicht etwas kindisch, dieses Schafswortspiel, aber den Neuseeländern und vor allem den Neuseeländerinnen gefällt's. Für den Fall, dass Sie irgendwann mal einen der flotten Schafscherwettbewerbe in Masterton besuchen und die Einheimischen mit Ihrem feinen Sinn für Humor beeindrucken wollen, hier noch einige Wortspiele:

What is a sheep's favourite painting? –
The Mona Fleesa.
Why was the sheep arrested on the freeway? –
For doing an illegal ewe-turn.
What do sheep like to play at casinos? – Woollette.
What did one sheep say to the other sheep? – After ewe.

Neuseeländische Künstler haben angesichts des inflationären Stereotyps »Neuseeland = Schaf« ein zwiespältiges Verhältnis zu diesen Tieren entwickelt und lassen sie aus diesem Grund schon mal als zombiehafte Wesen im Horrorfilm auftreten. Regisseur Jonathan King treibt diese Kontrastierung des ansonsten friedlichen neuseeländischen Landlebens in seinem Comedy-Horrorfilm »Black Sheep« auf die Spitze, indem er genmanipulierte und blutrünstige Schafe auf die Menschheit loslässt. Und Peter Jackson, der Regisseur der »Herr der Ringe«-Trilogie, provozierte die neuseeländische Öffentlichkeit, indem er in einer Schlüsselszene seines Films »Bad Taste« ein Schaf einfach explodieren ließ.

The 50. Golden Shears

Es war das Jahr, in dem zum ersten Mal ein Māori Champion im Schafscheren wurde. Ein verrücktes Jahr, in dem auch zwei lesbische jodelnde Schwestern für Furore sorgten.

Vor der großen Halle der Schafscherer wartete, wie immer beim Wettbewerb, ein mit besonders üppig wuchernder Wolle bewachsenes Merinoschaf auf seine Schur. Ein sogenanntes *Hermit Sheep*, ein Einsiedlerschaf, das aus unerfindlichen Gründen in den Bergen der Südinsel hatte verschwinden können, um dann, so sagte man mir, durch Zufall von einem Farmer als verdreckte, riesige Filzkugel in einem Gebüsch entdeckt und gerade rechtzeitig zu den Wettkämpfen als Schaf enttarnt zu werden.

Man stelle sich einen riesigen aufgeplusterten Wollballen vor, aus dem unten vier dünne Beinchen rausgucken. Ein Schaf, das sich allerdings – trotz Beinen – weder bewegen noch aus den zugewucherten Augen sehen kann.

Wie sein berühmter Vorgänger Shrek war auch diesem Einsiedlerschaf das neuseeländische Medieninteresse gewiss. Shrek hatte sich seinerzeit ganze sechs Jahre der Schur entziehen können, indem er sich ab seinem vierten Lebensjahr in den neuseeländischen Alpen der Südinsel versteckte. Ich frage mich, wie sich dieser aufgeblähte, riesige Schafwollballen wohl überhaupt noch zum Fressen hinunterbücken konnte. Wie gelang es dem Tier, für sechs Jahre in der Wildnis zu überleben? Auf jeden Fall machte *Shrek the wonder sheep* eine große Karriere.

Bereits kurz nach seiner Entdeckung wurde die zwanzigminütige Schur des Schafbocks 2004 live im neuseeländischen Fernsehen übertragen und das 27 Kilo schwere Vlies für einen guten Zweck versteigert. Shrek wurde sogar zur Audienz bei der damaligen Premierministerin Helen Clark gebeten und schaffte es als Meldung bis zu Ulrich Wickert in die *Tagesthemen.* Allein durch den weltweiten medialen Auftritt ihres berühmtesten Schafes hatte die neuseeländische Wollwirtschaft, so wurde geschätzt, im Jahr darauf ein sattes Plus von 100 Millionen Dollar zu verzeichnen.

Ein Jahr nach Shreks erstem Fernsehauftritt driftete dann ein aus der Antarktis stammender Eisberg an der Südinselstadt Dunedin vorbei. Man flog Shrek mit dem Helikopter raus, verpasste ihm noch kleine Spezialschuhe mit Steigeisen, und dann wurde er vor laufenden Kameras auf dem Eisberg nach allen Regeln der Kunst geschoren.

Der frühere Präsident der *Golden Shears*, Darryl Hart, kann sich noch gut an diesen Tag erinnern. »Ein dickes Schaf mit Klettereisen an den dünnen Beinen, ganz allein auf einem riesigen Eisberg. Dieses Bild vergisst man nicht.«

Seine Wolle hatte man für dieses Spektakel erneut so dermaßen dick wuchern lassen, dass das Vlies anschließend zu voluminös für die elektrischen Schermesser war. Und da es auf dem vorbeidriftenden Eisberg ohnehin keine Steckdosen gab, rückte man dem ehemaligen Einsiedler also helikopterumschwirrt mit einer Art Heckenschere auf den Pelz.

Auch bei der Jubiläumsveranstaltung, der *50. Golden Shears* in Masterton, wurde 2010 dieses traditionelle Scheren ohne elektrische Messer vorgeführt und sogar in einer eigenen Kategorie bewertet. Wie immer stand in diesem Jahr selbstverständlich auch kulinarisch das Lammfleisch im Mittelpunkt, und dennoch hatte auf dem Markt von Masterton jemand den Mut und pries geschmorte Paua-Muscheln an. Gleich daneben lief ein Kostümwettbewerb, bei dem Kinder ihre selbst gebastelten Schafe präsentierten. Der kreativste Entwurf war ein Bauchtanzschaf – inspiriert vielleicht vom Ausspruch des *Shearers* David Fagan, der einmal sagte, seine Kunst, beim Scheren mit dem Schaf zu tanzen, sei im Grunde nichts anderes als *belly dancing with the sheep*, Bauchtanz mit dem Schaf.

David Fagan, der einstige Weltmeister im Schafscheren, hatte mich einmal nach Te Kuiti auf seine kleine Farm eingeladen, um mir einige Geheimnisse der Schur zu verraten. »Du darfst nie mit einem Schaf kämpfen«, sagte Fagan damals, »du musst mit ihm tanzen, du bist sein Tanzlehrer.« Er führte mir seine Schur in einer Art *slow motion* vor, wobei er das Schaf langsam und bedächtig drehte, so langsam und bedächtig, wie es für einen Schafscherchampion gerade eben noch erträglich ist. Dabei zeigte er mir, wie er das Schaf ruhigstellte, indem er mit den Fingern der Haltehand auf ganz bestimmte Punkte drückte, auf sogenannte *trigger points*. Durch dieses Schaf-Shiatsu konnte Fagan das Schaf völlig ruhigstellen. Etwas, was mir bei all meinen amateurhaften Versuchen niemals gelungen ist: Ein Schaf kickte mir einmal so stark gegen das Schienbein, dass der blaue Fleck noch Wochen später zu sehen war.

Die beiden Damen, die in diesem magischen Jahr beim Kostümwettbewerb durchs Programm führten, waren die wunderbaren Topp Twins. Jools und Lynda Topp, zwei lesbische Schwestern, die seit über 30 Jahren für *double trouble in high and low society* sorgen. Sehr gern als mit Gummistiefeln bewaffnete Umweltaktivistinnen oder als Kämpferinnen für die Homo-Ehe und die Menschenrechte. An diesem Tag zog das komödiantische Paar mich von der Straße weg in einen Schuhladen, wo sie ohne Rücksicht auf Ladenbesitzer und Kundschaft zu jodeln begannen. Zwei lesbische, jodelnde, politisch engagierte Schwestern im Mekka der Schafscherer.

Die Topp Twins sind wahre Stimmwunder und können, nach eigener Aussage, neuseeländische Schafe sogar jodelnd die Berge hinuntertreiben. In Neuseeland sind sie mittlerweile Superstars, und obwohl sie keine Gelegenheit auslassen, australische Surfer, Sänger und Schafscherer durch den Kakao zu ziehen, haben sie es sogar auf das Cover der Zeitschrift *Australian Women's Weekly* geschafft. Für Neuseeländerinnen eigentlich ein Ding der Unmöglichkeit.

Vor dem Finale der *Golden Shears* heizten die Topp Twins den Besuchern der nach einem riesigen Schafstall riechenden Halle noch einmal tüchtig ein. Seit jeher kämpfen die beiden resoluten Frauen, obwohl sie selbst keinen Tropfen Māori-Blut in ihren Adern tragen, auch für die Rechte der Māori im Land. Es war also kein Wunder, dass sie auch in der Halle von Masterton, mitten in der neuseeländischen Schafscherprovinz, plötzlich Māori-Lieder zu intonieren begannen. Diese Musik habe dann, so hieß es später aus dem Munde des Siegers, den Händen des einzigen Māori-Schafscherers plötzlich Flügel verliehen.

Während des Finales kochte die Stimmung in der Halle bereits über. Immer wieder standen Māori auf und stimmten einen Haka an. Der erst 26 Jahre alte Māori Cam Ferguson hatte es überraschenderweise ins Finale von Masterton geschafft, was als letztem Youngster 24 Jahre zuvor dem weißen Farmer David Fagan gelungen war. Fagan schor die 20 Schafe im Finale seinerzeit in der unglaublichen Rekordzeit von knapp 15 Minuten. Noch ein Jahr zuvor hatte der *Shearer* Paul Grainer dafür fast die doppelte Zeit benötigt. Unerfahrene, junge Shearer haben gegen die Erfahrung der Älteren, die bereits mit Hunderttausenden von Schafen gerockt und gesteppt haben, normalerweise kaum eine Chance.

Gegen Ende der *Golden Shears* sollte sich das, was der ehemalige Schafscherer und Direktor dieser Veranstaltung, Darryl Hart, einmal angekündigt hatte, bewahrheiten. Denn obwohl die Māori ursprünglich mit der Schafzucht nichts zu tun hatten, bringen sie für diese »Sportart« doch genau die richtigen Fähigkeiten mit.

»Sie haben eine exzellente Augen-Hand-Koordination, ein tolles Gleichgewichtsgefühl und Rhythmus. Sie sind die geborenen Schafscherer«, so Hart.

Der Māori Cam Ferguson aus Waipawa schor 20 Schafe in 16 Minuten und 36 Sekunden und wurde damit einer der jüngsten Sieger der Geschichte der *Golden Shears.* »Jetzt brauche ich nur noch 15 Siege, um David Fagan zu erreichen«, sagte Ferguson bei der Siegerehrung und meinte damit den ehemaligen Weltmeister und 16-fachen neuseeländischen Champion. Der anschließende Haka-Tanz war der mit Abstand eindrucksvollste und authentischste Kriegstanz, den ich jemals in Neuseeland gesehen und gehört habe. Mit der eingestreuten Schafscherchoreografie, bei der die jungen Tänzer die Bewegungen der Schafscherer trickreich imitierten, hätte sie selbst bei den Māori-Kriegstanzweltmeisterschaften gute Chancen gehabt.

Die Weltmeisterschaft

E Ngā Hau e Whā – For those who come from the direction of the four winds, we acknowledge you.

(Plakat bei den 15. Offiziellen Weltmeisterschaften im Schafscheren in Masterton)

Wie in jedem Jahr ist der Kommentator Koro Mullins schon nach zwei Tagen heiser. Schafe einzutreiben ist Sport. Schafe zu scheren ist Hochleistungssport, und drei Tage fast ohne Unterbrechung gegen eine grölende Zuschauermenge anzuschreien ist einfach nur irre. Koro Mullins, der Stimmakrobat. Die erste Schafscherweltmeisterschaft fand 1977 in England statt, dieses Jahr wird der Wettbewerb im neuseeländischen Mekka der Schafscherer ausgetragen, in Masterton, und so bin ich also dabei.

This is Neanderthal stuff. Ladies and Gentleman; this is back to caveman times. Man versus wild.

Nun ja, Koro Mullins übertreibt ein bisschen. Der zehnfache Weltrekordinhaber und sechzehnmalige Champion David Fagan hat keine Mühe, sein »wildes Schaf« oben auf der Bühne ruhigzustellen. Der mittlerweile fünfzigjährige Fagan schnappt sich sein Schaf, schleift es auf die Bühne und bringt es innerhalb von drei Sekunden durch eine geschickte Rotation in die stabile Rückenlage. Noch bevor das Schaf überhaupt registriert, was mit ihm geschieht, sausen Fagans Hände mit dem elektrischen Schermesser über seinen Bauch und seine Flanken. Das Ganze ähnelt einem geschickt choreografierten Tanz.

Was David Fagan hier im Halbfinale der besten Schafscherer anwendet, ist die sogenannte Bowen-Technik, bei der der Shearer dem Schaf nach einer ganz bestimmten Abfolge durchs Fell fährt. Ein scheinbares Chaos, das aber dennoch Methode hat, denn es geht darum, ökonomisch geschickt zu scheren. Es gibt neuseeländische Mathematiker, die ausgerechnet haben, wie man mit den wenigsten Zügen ein Schaf schert und dabei am wenigsten Energie aufwendet.

Von dieser Mathematik hat aber keiner der *Shearer* hier je etwas gehört, und ohnehin würde sich niemand daran halten. Jeder hier hat seine eigenen Geheimnisse und Wege, ein Schaf zu scheren. Erfahrungswerte, keine Algorithmen. Godfrey Bowen, der erste Mensch, dem es gelang, 465 Schafe an einem Tag zu scheren, ein Meister seines Fachs, der auch bereits vor der Königin von England einen Scherwalzer hinlegen durfte, hat seine spezielle Technik in den 50er-Jahren des letzten Jahrhunderts entwickelt. Godfrey Bowen wurde zum neuseeländischen Nationalhelden, als es dank seiner Technik erstmals glückte, das bei den Weltmeisterschaften konkurrierende Australien zu besiegen.

E Ngā Mana – To our distinguished guests, we acknowledge you.

David Fagan, der Mann, der mit dem Schaf tanzt. Rotationskunst. Eben noch war der Schafkopf zwischen Davids Beinen eingeklemmt, Sekunden später befinden sich, nach einem geschickten Drehheber, an gleicher Stelle nun die Beine des Schafs, die nach einer weiteren rasanten Drehung plötzlich in einer abenteuerlichen Spreizstellung stehen. Fagan macht noch einige flinke korrigierende Schnittbewegungen zur Kopfwolle des Tieres, und mir nichts, dir nichts hat sich das ehemalige Wollknäuel in ein schlankes, weißes, makellos geschorenes Wesen mit zwei völlig verdutzt aus der Wäsche schauenden Augen verwandelt.

Wahrscheinlich ist Schafscheren die einzige sportliche Disziplin der Welt, in der überraschend auch die Falklandinseln ganz vorn in der Wertung mit auftauchen. Schafscheren ist heute Hochleistungssport. Die besten *Shearer* üben neben ihrer Arbeit auf der Farm auch noch mit Gewichten im Hantelraum. Der ehemalige Shearer Darryl Hart weiß, was einen guten Shearer ausmacht: »Hingabe, du brauchst Hingabe, du brauchst Kraft und Geduld. Man sagt, ein eintägiges Shearing sei so anstrengend wie ein Marathonlauf. Die Schafscherer heutzutage scheren über 600 Schafe in neun Stunden.«

E Ngā Reo – To the various languages we speak, we acknowledge you.

Abends am Tresen des Wirtshauses *Horseshoe* erzählen sich die Schafscherer ihre Geschichten, verteilen Haltungsnoten und spinnen Schäfergarn. Thema des Abends sind die berühmten Söhne der Provinz Wairarapa. Filmlegende Sir Peter Jackson stammt von hier, und der Regisseur James Cameron möchte bald hinziehen, oder zumindest hat er sich schon riesige Ländereien gekauft. Man freut sich mit dem neuen Schafscherweltmeister, dem Schotten Gavin Mutch, auch wenn man über den 32-Jährigen lästert. Der zierliche Mutch sehe eher wie ein Bankangestellter als wie ein ordentlicher *Shearer* aus. Zudem habe er sein Handwerk zwar in Schottland gelernt, lebe aber seit Jahren in Neuseeland. Perfektioniert habe er seine Kunst also im Land der Champions.

Später am Abend erzählt man sich unglaubliche Geschichten von Schafen, die nach einem Gewitter nass geworden waren. Man sperrte die Tiere dicht an dicht in einen Flugzeughangar, wo sie dank der trocknenden Föhnwirkung der Flugzeugmotoren noch rechtzeitig zum Wettbewerb trocken wurden. Einmal, so Darryl Hart, begann es während einer Veranstaltung zu regnen. Man hatte rechtzeitig Regenplanen über die Schafe gezogen, um sie trocken zu halten, doch dann vergessen, diese Planen in der Nacht zu entfernen. Die Schafe seien am Morgen danach völlig heiß und durchgeschwitzt gewesen. Doch das habe sich als wunderbarer Vorteil für das neuseeländische Team erwiesen. Man habe die Schafe wirklich gut scheren können.

Die Erklärung: Das in der Schafwolle enthaltene Fett Lanolin wird bei Hitze geschmeidig. Die Klingen der Schafscherer gleiten dann wie von selbst durch die Wolle, so als würde man mit einem heißen Messer durch weiche Butter fahren. Legales Hitzedoping sozusagen. Ein weiterer Vorteil des Lanolins ist, dass es die Schäferhände schöner macht, behaupten einige Frauen am Tresen. Und dann kommt der Vorschlag, man könne doch Schafscheren zu einer olympischen Disziplin machen. Neuseeland soll gleich in diesem Jahr noch offiziell den Antrag stellen.

Te Reo Māori und Kiwi-Slang

Taumata whakatangihanga koauau o tamatea turi puka-kapiki maunga horo nuku pokai whenua kitanatahu.

Was muss man anstellen, um auf einen nur 305 Meter großen Hügel aufmerksam zu machen? Man gibt ihm einfach einen sehr langen Namen. Tausende Touristen kommen jährlich in die Gegend südlich von Waipukurau, um den oben stehenden Namen auf einem Ortsschild zu bewundern. Der Hügel, der infolge der Namensgebung geadelt wurde und nun plötzlich von zahlreichen Reiseführern als Berg tituliert wird, trägt mit seinen 85 Buchstaben zugleich den zweitlängsten Ortsnamen der Welt. Nur die thailändische Langfassung von Bangkok hat noch mehr Buchstaben zu bieten und dem kurz Taumata genannten Hügel damit seinen Rang im Guinnessbuch der Rekorde abgelaufen. Übersetzt heißt der Māori-Name des Hügels »Der Ort, an dem Tamatea, der Mann mit den großen Knien, der Berge hinabrutschte, emporkletterte und verschluckte, bekannt als der Landfresser, seine Flöte für seine Geliebte spielte«.

Auch dieses längste Wort der in Neuseeland *Te Reo Māori* genannten Māori-Sprache hält sich an die Regel, dass auf jeden Konsonant immer ein Vokal folgen muss und somit jedes Wort der Māori auch klangvoll mit einem Vokal endet. Allein in der Schriftsprache scheint es auf den ersten Blick Ausnahmen zu geben, wie beispielsweise im Ortsnamen Whangarei. Doch die Konsonantenfolge WH wird einfach als F gesprochen und gilt somit als ein einziger Laut.

Meine Māori-Freunde, die Musiker Whirimako Black, Horomona Horo und Lawrence Wharerau, lassen sich immer wieder von Geschichten und schönen Klängen begeistern. Eine Sprache ist dann für sie schön, wenn sie viele Vokale enthält. An vielen langen Abenden habe ich versucht, ihnen die Schönheit der deutschen Sprache nahezubringen, auch wenn sie anfangs an dem Vorurteil festhielten, Deutsch höre sich an wie eine Halsentzündung. Überzeugen kann man Māori am besten mit einem schönen Klang. Und da gibt es zumindest ein Wort, das im Deutschen wesentlich schöner klingt als im Englischen, Französischen, ja sogar schöner als im Italienischen. Denn weder trout noch truite, noch trota können es akustisch mit dem deutschen Wort »Forelle« aufnehmen. Die meisten Māori, die ich kenne, lieben die italienische Sprache und sind völlig überrascht, wenn sie erfahren, dass man ihre Vokale a – e – i – o – u nicht nur im Italienischen, sondern auch im Deutschen genauso ausspricht wie in ihrer eigenen Sprache. Die Liebe zum Italienischen, aber auch zum Griechischen ist bei den Māori während des Zweiten Weltkriegs entstanden. Viele Kämpfer des Māori-Batallions, die in Monte Cassino, Kreta und anderen Kriegsschauplätzen im Einsatz waren, haben sich vor Ort verliebt und ihre Frauen mit nach Neuseeland gebracht. Liebesgeschichten zwischen Māori-Männern und Italienerinnen oder Griechinnen haben mittlerweile sogar Eingang in die Literatur Neuseelands gefunden. Am eindrucksvollsten nachzulesen in der wahren Geschichte von Ned und Katina, die von der Schriftstellerin Patricia Grace aufgezeichnet wurde.

Seitdem *Te Reo Māori* in neuseeländischen Schulen zur Unterrichtssprache geworden ist und die Sprache der Māori eine Aufwertung in der Gesellschaft erhalten hat, haben es einige Ausdrücke sogar bis in den allgemeinen neuseeländischen Wortschatz geschafft. Jeder Neuseeländer kennt heute die Bedeutung der Begriffe *Iwi* (Stamm), *Pākehā* (Nicht-Māori), *Marae* (Dorfplatz mit Versammlungshaus) oder *Mana* (Macht, Ansehen, Integrität). Seit der Einführung von sogenannten Māori-Sprachnestern für Kinder im Vorschulalter im Jahr 1982 haben über 60 000 Neuseeländer die Sprache der Māori erlernt. Was mich als Wissenschaftsjournalisten sehr interessiert hat, war die Frage, ob das *Te Reo Māori* als Sprache auch dazu taugt, moderne technologische Entwicklungen adäquat und stimmig auszudrücken. Aus diesem Grund habe ich an der Waikato-Universität in Hamilton die Sprachforscherin Maria Huata aufgesucht und sie gefragt, ob die Māori auch eigene Wörter für Computer, Internet oder Suchmaschine hätten. Die Māori-Begriffe, die mir Maria Huata nannte, verweisen auf die poetische Kraft dieser Sprache, die selbst futuristische Begriffe in wunderbaren Bildern ausdrücken kann. So ist das Māori-Wort für Computer *Rorohiko*, ein zusammengesetzter Begriff aus *Roro* für Gehirn und *Hiko* für Elektrizität. Für die Suchmaschine und das Internet kennen die Māori bislang nur ein gemeinsames Wort namens *Epurangi*. *Epu* steht für Gefäß und *Rangi* für den Himmel. Suchmaschine und Computer bedeuten übersetzt also so viel wie »Kommunikation durch den Himmel«. Wobei die Begriffe der Māori andeuten, wo die eigentliche Information gelagert ist, nämlich im *Epu*, einem Aufbewahrungsort in den Händen des Himmelsvaters.

Brolly, Telly, Nudy

Das Englisch der Kiwis ist beileibe kein *Upper-class English*. Bis Anfang der 60er-Jahre versuchte die britische Krone, den Neuseeländern in Radiosendungen und in der Schule das *Queen's English* beizubringen. Heute verweigert sich eine ganze Nation dieser sprachlichen Verbiegung und spricht selbstbewusst ihr eigenes Kiwi-Englisch. Diese Sprache neigt, insbesondere in ihrer Slangvariante, zur Verkürzung und zur Verniedlichung. Dann heißt es nicht mehr *Thank you*, sondern schlicht und ergreifend *Ya*. Aus dem Briefträger, dem englischen *Postman*, wird der *Posty* und folgerichtig aus dem *Kindergarten* der *Kindy*. Ein Regenschirm wird zum *Brolly*, ein Fernseher zum *Telly*, ein Nacktbadestrand zum *Nudy* (ja, es gibt Nacktbadestrände in Neuseeland), und aus einem *Steinlager*, dem neuseeländischen Bier, wird logischerweise ein *Steini*. Wenn ein Neuseeländer in einem Pub ein *Steini* bestellt, klingt das übrigens so, als wäre er gerade von einer OE, einer *Overseas Experience*, aus Hamburg zurückgekehrt. Über die Kürzelsucht, aber auch über die seltsame Aussprache der Neuseeländer könnte man ein ganzes Buch schreiben. Das Comedy-Duo *Flight of the Conchords* hat mit seinen Kiwi-Slangnummern in New York und dem Rest der USA einen Sensationserfolg hingelegt. Hier eine kleine Kostprobe für eine lustige Kette neuseeländischer Lautverschiebungen, die mir Lawrence Wharerau genannt hat:

Das englische Wort *Pan* wird in Neuseeland wie das englische Wort *Pen* ausgesprochen. Das englische Wort *Pen* wird in Neuseeland wie das englische Wort *Pin* ausgesprochen, und das englische Wort *Pin* wird in Neuseeland wie das englische Wort *Pun* ausgesprochen.

Und zu guter Letzt bedeutet *Pun*, ins Deutsche übersetzt, ausgerechnet so viel wie Wortwitz!

Die Gourmetrevolution

Verrücktes Neuseeland und verrücktes unendliches Meer. In den Sechzigern, als neuseeländische Städter gern Spaghetti bolognese aus der Dose zauberten, diese dann auf in Fett frittierte Toastscheiben legten und abschließend eine tüchtige Portion Gummikäse obendrauf packten, selbst in solch kulinarisch tristen Zeiten tauchten die Küstenbewohner des Landes bereits nach Paua-Muscheln und Bluff-Austern. Oder sie kauften spottbilligen Hummer an der Ostküste um Kaikoura, fischten nach dem grandios schmeckenden Granatbarsch, den man in Neuseeland als *Orange Roughy* kennt, und aßen *Green Lipped Mussels,* die überaus köstlichen Grünschalmuscheln. Man bediente sich einfach im Meer, und das ist bekanntlich in Neuseeland nie allzu weit entfernt.

Wer gern Fisch oder Meeresfrüchte isst, wird in Neuseeland auf seine Kosten kommen. Die Küstenlinie ist über 15 000 Kilometer lang, und an manchen Stellen braucht man vom Boot aus nur ein paar Meter tief zu tauchen, um sich die leckeren Paua-Muscheln herauszufischen. Nicht verwirren lassen: Paua-Muscheln haben weltweit viele verschiedene Namen. Doch Meerohr, Seeohr, Ormer oder Seeopal nennt sie in Neuseeland nun wirklich niemand. Für meinen Gourmetfreund, den Māori Lawrence Wharerau, sind Pauas die Geschmacksessenz des Meeres, gebündelt in einem kleinen Stückchen Muschelfleisch. Wenn ich mit Lawrence ans Meer fahre, bleibe ich bei seinen Tauchgängen immer am Strand und sammle schon mal Feuerholz fürs bevorstehende Barbecue. Zu zweit tauchen ist tabu. Lawrence kennt die Stellen mit den besten Muscheln, würde aber niemandem verraten, wo diese zu finden sind. Lawrence sagt, das sei so, als wenn man einem Menschen den Pincode seiner Kreditkarte verraten würde. Trotzdem werden die Muscheln natürlich hinterher am Strandfeuer brüderlich miteinander geteilt, ebenso die Rezepte und die Tricks, wie man eine frische Paua am besten mit den Daumen öffnet – was einiges Geschick erfordert. Man kann das muskulöse Fleisch der Muschel, wenn man den Sand vorsichtig rauswäscht, einfach aus der Schale essen. Man kann sie aber auch in heißem Wasser eine Minute blanchieren, in Eiswasser abschrecken und backen. Sie werden dann weich wie Sashimi. Lawrence' Paua-Rezepte kennen Hunderte von Variationen: vom köstlichen Paua-Risotto mit Dill und Lemon über die Strand-Barbecue-Variante bis hin zur Sushi-Version. Zitat Lawrence: »Die Paua einfach in den Kühlschrank legen. Dann entspannt sich das Fleisch, die Muschel schläft ein – und wacht nicht wieder auf.«

Das Schleckermaul Lawrence Wharerau hat auch eine schöne Methode entwickelt, sein Essen mit »Meer zu würzen«, wie er das nennt. Māori lieben es, ihr Essen in einer Grube, einem sogenannten Hāngī, über erhitzten vulkanischen Steinen in geflochtenen Körben übereinanderzuschichten. Bei Lawrence befinden sich dann im Idealfall Schweinefleisch, Kürbis, Kumara (Süßkartoffel), Kartoffeln, Mais und etwas Grünzeug (am liebsten Wasserkresse) im

Erdofen. Das Fleisch kommt nach unten, das harte Gemüse und die Kartoffeln in die Mitte und das weiche Gemüse nach oben. Wenn man dieses Essen nun mit Meer würzen möchte, hebt man kurz vor Ende der Garzeit einfach das feuchte Tuch an, das alle Zutaten bedeckt, und gibt noch ein paar *Green Lipped Mussels* hinzu. Die Hitze des Dampfes, der in einem Hāngī entsteht, öffnet die Muscheln, und sie geben ihren köstlichen Saft an das darunterliegende Essen weiter. Māori-Schmaus mit einer Prise Meer gewürzt!

Green Lipped Mussels gehören in Neuseeland zu meinem Lieblingsessen. Am besten schmecken sie mir mit kleinen angebratenen Akaroa-Chorizo-Würfelchen, mit geröstetem Brot und Knoblauchsauce. Wer hat eigentlich jemals behauptet, Meeresfrüchte und Fleisch würden nicht zusammenpassen? Die würzige Chorizo-Wurst gibt es im hübschen Ort Akaroa auf der Banks-Halbinsel, die übrigens zuerst von Franzosen besiedelt wurde. Wenn Sie die Kombination von Chorizo und Muschel ausprobieren wollen, dann am besten im *Depot Eatery & Oyster Bar*, einem Restaurant in Auckland, das man gleich unterhalb des Sky Tower findet. Sternekoch und Gourmetstar Al Brown hat dort ein wahres Paradies für Liebhaber der neuseeländischen Küche geschaffen. Ein Restaurant übrigens, in dem man auch eine Spezialität auf der Speisekarte findet, die in Neuseeland unter ihrem deutschen Namen bekannt ist: Kohlrabi. Weiße Rübchen, Kohlrabi, Feta und Walnüsse sind eine schlichte, aber köstliche Beilage zum oben genannten Muschelgericht.

Die Ehrlichkeitskisten

Wildschweine und Wildkaninchen gelten in Neuseeland als *pest*, als ohne Legitimationsnachweis eingewanderte Landplage. Die Tiere dürfen jederzeit ohne Jagdschein geschossen werden. Selbst in schlimmsten Fast-Food-Zeiten, in denen allenfalls das schwule Kochpärchen Peter Hudson und David Halls via Mattscheibe etwas Glanz in die neuseeländischen Küchen brachte, schlemmten wahre Schleckermäuler bereits Wildkaninchenfilets in Honig-Senf-Sauce. Haute Cuisine gab es in Neuseeland schon immer, sie war nur früher nicht sonderlich weit verbreitet. Der Wahlspruch meiner kulinarisch interessierten Freunde lautet: Wenn es frisch ist, kannst du nichts verkehrt machen. Angesichts der kurzen Wege in Neuseeland ist es heutzutage kein Problem, jederzeit und überall an gute Regionalprodukte zu kommen.

Lassen Sie sich in drei Gottes Namen von keinem Reiseführer erzählen, in Neuseeland gäbe es keine gute Küche. Zugegebenermaßen gibt es Neuseeländer, die sich fast ausschließlich von Fast Food, Eiscreme und Bier ernähren. Doch daraus zu schlussfolgern, wie das noch immer in einigen Büchern getan wird, in Neuseeland gäbe es vorwiegend fettige *Fish & Chips*, ist ärgerlicher Unsinn. Denn natürlich gibt es auch wunderbare Obst- und Gemüsemärkte in Neuseeland. Es gibt kulinarische Feste, Weinfeste, polynesische Märkte (sehr empfehlenswert: der Otara Market im Süden Aucklands, der immer samstags stattfindet). Nichts ist schöner, als in einem kleinen Örtchen im sogenannten Obstkorb Neuseelands, der Marlborough-Region, auf einen Spontanverkauf in einer Familiengarage zu treffen. Oder unvermittelt am Straßenrand einem Farmer zu begegnen, der dort seinen Stand aufgebaut hat. Alles frisch aus dem Frühlingsgarten. Avocados, Kiwis, Spargel, Orangen, später im Jahr dann Himbeeren, Brombeeren, Mandarinen. Geschmacklich alles eine Wucht.

Es kann allerdings durchaus sein, dass man ein solches Schlaraffenland ohne einen Verkäufer antrifft. Die *Honesty Box*, die Ehrlichkeitskiste, ist eine Erfindung der Neuseeländer, die einen unverhofft am Straßenrand mit Avocados, Gurken, Honig, Eiern und Äpfeln konfrontiert, ohne dass am Stand weit und breit ein Mensch zu sehen wäre. Ein Appell an die Ehrlichkeit. Das Obst und Gemüse liegt in Kisten parat, daneben steht eine Kasse mit Wechselgeld. Nehmen Sie, was immer Sie brauchen, die Ware ist meist pro Stück ausgepreist, und bezahlen Sie. Aber bitte nicht vergessen! Touristen, die eine solche Chance nutzen, um das Obst zu stehlen, sorgen für Vertrauensverlust, und es wäre doch schade, wenn die kulturelle Errungenschaft der Ehrlichkeitskiste verschwinden würde.

Am Straßenrand oder auf den Märkten werden Sie viel Ungewohntes finden. Die Kiwifrucht kennen Sie ja, aber kennen Sie auch Tangelos, eine Mischung aus Grapefruit und Mandarine, die man in Europa Minneola nennt? Oder die saftigen Baumtomaten, die Tamarillos? Mein absoluter Favorit ist die Feijoa. Eine Frucht mit unnachahmlich aromatischem süß-sauren Geschmack, aus der man auch Wein, Likör, Eiscreme und Wodkacocktails zaubert. Eine Frucht, die sehr empfindlich ist, lange Reisen nicht verkraftet und deshalb bei uns nur selten zu finden ist. Die bekannteste Köchin Neuseelands, Annabel Langbein, hat mir nach einer Führung durch ihren traumhaft schönen Gourmetgarten in Auckland gezeigt, wie man Lammgerichte mit einem aus Fejioas, Äpfeln, Zwiebeln, Ingwer, Knoblauch und Lemon gezauberten Chutney wunderbar bereichern und verfeinern kann.

Die neuseeländische Küche erlebt nun seit Jahren eine Revolution, die man in dieser Geschwindigkeit niemals erwartet hätte. Wer einmal auf einer Farmparty eingeladen war, dürfte sich vielleicht über die rasante Veränderung der Essgewohnheiten wundern. Selbst das bislang sehr rustikale, fleischlastige Barbecue passt dank Meeresfrüchten und kunterbunten, exotischen Salaten nun in die neue, kulinarisch anspruchsvolle Zeit.

Aber parallel zur kulinarischen Revolution gibt es auch noch all die traditionellen Gerichte, die der Neuseeländer aus seiner Kinder- und Jugendzeit kennt und die nicht selten Eingang in die Kiwiana, die Kultursammlung des Landes, gefunden haben.

Kunsthandwerklich & glutenfrei

Ich kenne ein kleines, modernes Roadside-Café auf halber Strecke zwischen Christchurch und Dunedin, das ganz bewusst auf Klassiker wie *Hokey Pokey, Jaffas* oder *Jelly Tip Ice Cream* verzichtet. Auch den allseits beliebten *Banana Cake* bekommt man hier nicht. Die Besitzerin verdreht die Augen, wenn man sie darauf anspricht. »Das ist doch längst Vergangenheit. Die Neuseeländer haben sich mit ihren Spezialitäten immer nur im Kreis und um sich selbst gedreht. Ständige Selbstbespiegelung war das.« Auch den alten Streit zwischen Australiern und Neuseeländern, wer denn nun die berühmte Pavlova-Torte erfunden habe, möchte sie nicht kommentieren. »Die neuseeländische Küche hat sich längst weiterentwickelt.

Wer trotzdem in die kulinarische Vergangenheit Neuseelands eintauchen möchte, wird den Originalgeschmack am besten in den wenigen noch vorhandenen Tearooms oder den Vitrinen der vielen Roadside-Cafés finden. Zwar hat auch dort der einfache gebrühte Kaffee längst frischem Cappuccino oder dem neuen Milchkaffee-Star namens *Flat White* Platz machen müssen, doch wer selbst gebackene *Afghans* (knusprige Schokoladenkekse mit Glasur und einer Walnuss zur Zier) oder *Lamingtons* (Kuchen mit dunkler Schoko- oder pinkfarbener Erdbeerfüllung und Kokosstreuseln) probieren möchte, kann hier durchaus noch fündig werden.

Ein Geschmack, der Neuseeländer seit frühester Kindheit begleitet, ist der einer Hefepaste mit Kultstatus. Es gibt sie in den zwei Varianten *Marmite* und *Vegimite*, was regelmäßig zu wahren Kulturkämpfen führt, weil *Marmite* in Neuseeland und *Vegimite* in Australien hergestellt wird. Beides sind klebrige Brotaufstriche mit einer teerartigen Konsistenz, die von im Ausland lebenden Neuseeländern unter heftigen Entzugserscheinungen vermisst werden.

Das Geständnis des neuseeländischen Premierministers John Key, sich vorübergehend für das australische Konkurrenzprodukt *Vegemite* entschieden zu haben, weil die landesweit einzige *Marmite*-Fabrik in Christchurch durch die Erdbeben schwer beschädigt worden war und die Produktion eingestellt werden musste, hätte fast zu einer Staatskrise geführt.

Die Engpässe infolge des Erdbebens haben jedoch den Kultstatus der Hefepaste nur noch weiter erhöht, und manche Werbefachleute glauben, *Marmite* profitiere umsatzmäßig letztlich sogar von dieser Katastrophe. Im Mai 2012 waren landesweit Werbeplakate des Hefepastenherstellers mit hysterisch schreienden Gesichtern und einer Botschaft zu sehen: »*Don't freak – we'll be back.*« Habt keine Angst. Wir kommen zurück.

Was mich in Neuseeland über die Jahre am meisten verblüfft hat, war der ausgesprochen schlechte Käse, den man überall bekam. Ob als Füllungszusatz in einem Blätterteig-Pie oder auf dem Toast Hawaii, die Käseauswahl beschränkte sich auf verschiedene Gummikäsesorten. Auch die Käsesorten, aus denen man im Supermarkt wählen konnte, trugen zwar verschiedene Namen wie Cheddar, Gouda oder Emmentaler, schmeckten aber erstaunlicherweise alle gleich schlecht. Verblüffend. Der Neuseeländer Shannon, der Betreiber des *Dairy* in Berlin, hat eine eigene Theorie, wieso ausgerechnet

»das Saudi-Arabien der Milch« so lange keinen vernünftigen Käse hat herstellen können. »Die Neuseeländer kannten früher kein *Artisan Food*. Sie hatten keine handwerklichen Käsemachertraditionen wie Italien oder Frankreich. Erst als reisende Kiwis diese Kunst im Ausland erlernten und zurück in ihre Heimat brachten, ging es los mit dem leckeren neuseeländischen Käse.«

Artisan, Kunsthandwerk, ist mittlerweile zu einem inflationär gebrauchten Begriff geworden. Man begegnet ihm auf Märkten, in Cafés und als Namenszusatz an einem der unzähligen neuen Feinkostgeschäfte. *Artisan Bakery, Artisan Pie, Artisan Bread.* Begleitet wird der modische Zusatz *Artisan* in einigen städtischen Lifestyle-Vierteln durch den Gebrauch des Wortes *gluten-free.* In Auckland bin ich in eine »glutenfreie« Metzgerei gegangen und war überrascht, dort ganz normale Wurstwaren vorzufinden. Der Begriff *gluten-free,* das haben auch chinesische Händler schnell erkannt, zieht die Kunden an. Was eröffnet man also am besten, damit die Käufer Schlange stehen? Eine *Artisan, gluten-free Bakery!*

Trotz der manchmal überzogenen Wortwahl befindet sich Neuseeland aber auf einem kulinarisch sehr guten Weg. Längst haben sich die *Pies*, die allgegenwärtigen Pasteten, in einigen Cafés zu wahren Blätterteigkunstwerken entwickelt, und längst gibt es *German Bakeries* mit wunderbar kernigem Vollkornbrot und knusprigen Baguettes. Abgesehen vom superweichen Ziehharmonika-Weißbrot spielt Neuseeland geschmacklich und konsistenzmäßig ganz oben mit. Und der Preis für einen guten Kapiti-Island-Ziegenfrischkäse aus einem Bioladen kann einem zwar die Schamesröte ins Gesicht treiben, aber geschmacklich liegt dieser Käse, wie viele andere neuseeländische Käsesorten, mittlerweile ganz weit vorn.

Please bring a plate

Wer das Vergnügen hat, von Neuseeländern zum Essen eingeladen zu werden, kann die Revolution der neuseeländischen Küche hautnah miterleben. Sehr nützlich ist es dabei, einige der landesspezifischen Eigenarten, Regeln, vor allem aber Kürzel zu kennen, die aus der *Bring-Your-Own*-Philosophie hervorgegangen sind. Das Kürzel B. Y. O., also *Bring Your Own,* diente ursprünglich dazu, Konsumenten vor den überhöhten Preisen in einem Wein- oder Bierlokal zu schützen oder aber in Lokalen ohne Alkoholausschanklizenz alkoholische Getränke konsumieren zu können. Man bringt sich einfach sein eigenes Bier oder seinen eigenen Wein mit, wobei Letzteres durch das Kürzel B. Y. O. W. *(Bring Your Own Wine)* zum Ausdruck gebracht werden soll. Einige Neuseeländer beharren allerdings darauf, das Kürzel B. Y. O. W. hätte eine völlig andere Bedeutung und hieße *Bring Your Own Wife.* Das Kürzel B. Y. O. P. wiederum ist relativ neu und findet sich ausnahmslos in Einladungsmails oder auf Einladungskarten für Barbecues oder Partys, bei denen es etwas zu essen geben soll. Anfangs als *Bring Your Own Pet* (Bring dein Haustier mit) und *Bring Your Own Pillow* (Bring dein Kissen mit) missgedeutet, lautet die wahre Botschaft, die sich hinter dieser Abkürzung verbirgt: *Bring Your Own Plate.*

Ich kenne kaum einen Neuankömmling in Neuseeland, mich eingeschlossen, der diese reizende Aufforderung nicht anfangs als »Bring deinen eigenen Teller« missverstanden hätte. Der innere Monolog sieht dann so aus: »Der arme Gastgeber hat also nicht genügend Teller, weil sich wahrscheinlich zu viele Gäste angesagt haben. Na, dann wollen wir doch mal aushelfen.«

Bevor Sie nun mit einem Dutzend leerer Teller vor der Haustür erscheinen, hier die Auflösung. *Bring Your Own Plate* heißt: Bring bitte eine Platte mit leckerem Essen mit.

Irgendwas Selbstgemachtes – oder Gekauftes. Wir haben nicht genug Essen im Haus.

Würmertrüffel und Bergaustern

Die kleine Gemeinde Hokitika auf der Südinsel hatte sich bereits während der Goldgräberzeit im 19. Jahrhundert den Ruf einer wilden Stadt erworben. Doch seit die Hausfrau Claire Bryant 1990 ein Festival für ganz besondere Feinschmecker ins Leben rief, ist dort die (kulinarische) Hölle los. Das Wildfoods Festival begann einst mit harmlosem Stechginster- und Rosenblattwein, mittlerweile gibt es Speisekarten, die anmuten wie ein wild dahingeworfenes Dada-Gedicht mit Gerichten, auf die auch die kreativsten Köche der dekadentesten römischen Kaiser nicht ohne Weiteres gekommen wären. Eierpunsch aus den Augäpfeln eines Löwen beispielsweise oder auch Känguruhirn mit Gartenschädlingen oder Flamingoeintopf mit Würmer-Sushi.

Jedes Jahr im März stürmen Tausende von ausgehungerten Neugierigen das Festgelände. Jugendliche Adrenalinjunkies, die gegen alle nur möglichen Konventionen verstoßen wollen, oder Rebellen, die gegen die stinklangweilige englische Küche ihrer Mütter aufbegehren, oder neugierige Touristen, die auf dem Wildfoods Festival ihre geschmacklichen Grenzen austesten möchten. Man stürzt sich auf Stände mit geschmorten Wacholderdrosseln, Kalbshirnpudding, Entenzungen in Whiskey, Würmertrüffeln, gegrillten Ziegenhoden, frittierten Grashüpfern oder Fischaugenragout. Eine der bekanntesten Spezialitäten und mittlerweile das kulinarische Maskottchen des Wildfoods Festivals ist eine frisch aus dem Holz geklopfte dicke Made, die *Huhu Grub*. Die gelbgoldenen Larven des Huhu-Käfers waren einst, roh oder geröstet, eine der Lieblingsspeisen der Māori. Die angeblich nach einer Mischung aus cremigem Hühnerfleisch und Erdnussbutter schmeckenden Maden (ich habe noch keine probiert und kann diesen Geschmack somit nicht bestätigen) sollen hervorragende Vitamin- und Mineralstofflieferanten sein. Für jemanden, der sich heillos im neuseeländischen Busch verirrt hat, könnten die Insektenlarven sich also durchaus als lebensrettend erweisen.

Längst sind es nicht mehr nur kulinarische Abenteurer oder betrunkene Helden, die sich dem geschmacklichen Wahnsinn hingeben. Auch gestandene Köche präsentieren sich auf dem absurdesten Fressfestival der Welt alljährlich einer internationalen Schar von Gourmetreisenden. Selbst Charles Royal, der renommierteste Māori-Sternekoch, ist im Jahr 2012 mit einem Stand vertreten. Er bietet Pukeko an. Pukeko oder Purpurhuhn gehört zu den wenigen Vögeln Neuseelands, die weiterhin gejagt werden dürfen. Im Gegensatz zum zarten Entenfleisch ist das des Pukeko allerdings sehr sehnig und muskulös.

»Es schmeckt eigentlich köstlich«, sagt Charles Royal, »aber es ist oft viel zu hart, weil die Menschen nicht wissen, wie es richtig zubereitet wird.« Und dann erklärt der Meisterkoch, wie es geht. »Māori legen traditionellerweise einen Stein in den Topf, wenn sie einen Pukeko kochen. Das Rezept sieht dann vor, sowohl den Vogel als auch den Stein für vier Stunden zu kochen. Danach werfen die Māori den Pukeko weg und essen den Stein.«

Charles Royal bricht in einen Lachkrampf aus. Das Hokitika Wildfoods Festival ist eben nichts für ernsthafte Gemüter. Man glaubt sich in den Film »Das Leben des Brian« versetzt, wo bekanntlich kurz vor einer Steinigung Lerchenzungen und Zaunköniglebern angeboten werden.

Wer des Englischen mächtig ist, erlebt beim Wildfoods Festival auch so manchen Sprachgenuss. *French Kiss* bezeichnet im Englischen einen Zungenkuss (in der Jugendsprache meiner moselfränkischen Heimat nennt man den Zungenkuss wegen seiner weichfeuchten Eigenschaften übrigens Schneckensuppe). Wer allerdings in Hokitika über einem Stand die Ankündigung liest, es gebe köstliche *French Kisses*, sollte unbedingt wissen, dass es sich dabei um nichts anderes als um eine eingelegte Kalbszunge handelt.

Ach ja, und hinter den *Mountain Oysters* verbergen sich keine »Bergaustern«, sondern Hammelhoden.

Flat White und die Milchschaumpoetin

Rund um den neu gestalteten Jachthafen von Auckland reiht sich eine kulinarische Entdeckung an die nächste. Wer möchte, kann mühelos innerhalb weniger Minuten von einer Seafood-Bar zur nächsten und anschließend zu einer Espresso-Bar hinüberschlendern, um dann in einem der Terrassencafés die traumhafte Aussicht über die Bucht zu genießen oder sich mit Freunden in einer begehbaren Kühlkammer auf einen eisgekühlten Cocktail zu treffen. Die Betreiber der Ice-Bar *Minus 5°* (*5 degrees*) verleihen angesichts der arktischen Temperaturen sogar Handschuhe, Jacken und Mützen, bevor man sich im völlig aus Eisskulpturen geschnitzten Barraum, dem »coolsten Platz« von Auckland, seinen Eiszeitabsacker leistet oder nur mal eben kurz ein (kostenpflichtiges) Foto schießt. Aucklands Hafenviertel rund ums Viaduct Basin ist heute Gastrozone, wie gemacht für Schlemmermäuler. Dabei gab es hier vor 1999 gerade mal ein einziges Restaurant und eine kleine Brauerei. In der gesamten Millionenstadt Auckland gab es insgesamt nur drei Straßencafés. München ist von der Einwohnerzahl her mit Auckland vergleichbar, und man muss sich einmal vorstellen: drei Straßencafés in München, kurz vor der Jahrtausendwende. Unfassbar. Geändert haben sich die Zustände in Auckland schlagartig mit dem America's Cup 1999, dem populärsten und mondänsten Jachtrennen der Welt, in dessen Folge vor allem italienische Einwanderer für die dringende Versorgung mit guten Restaurants und neuen Cafés sorgten. Doch die eigentliche Kaffeerevolution, von der man heute in Neuseeland sprechen kann, ging von einer innovativen Kaffeekreation aus, die sich *Flat White* nennt.

Zwar geht diese Entdeckung namentlich auf die Australier zurück. Geschmacklich jedoch hätte australischer *Flat White* niemals einen derartigen Siegeszug um die Welt antreten können, wie es die neuseeländische Variante getan hat. Denn veredelt wurde diese neue Art des Milchkaffees von professionellen Kaffeezubereitern, den *Baristas* aus Wellington. Das Kaffeewunder, das dort bereits in den 90er-Jahren begann, gehört für mich zu den erstaunlichsten kulinarischen Entwicklungen in Neuseeland. Vom einstigen Land des heißen Instant-Brühkaffees entwickelte man sich innerhalb weniger Jahre hin zum Land der besten Kaffeemacher der Welt, wie man bei den jährlichen *Barista*-Weltmeisterschaften sehen kann. Neuseeland wurde zum Land der Kaffeebarone, Milchschaumkünstler, Kaffeepoeten und Kaffeetänzer.

Gehen Sie einmal zur Mittagszeit in Aucklands neuestes Flat-White-Territory, den Stadtteil Ponsenby. Oder besser noch, gehen Sie zur Mittagszeit ins Geschäftsviertel von Wellington rund um die Lambton Quay Street. Was Sie dort zu sehen bekommen, ist die perfekt eingespielte Choreografie der Tresenkräfte an ihren chromglänzenden Espressomaschinen und fauchenden Aufschäumern. Ein Kaffeetanztheater, wie ich es selbst in Italien noch nicht gesehen habe. Während der Stoßzeiten, also zur Mittagszeit, gehen in einem Café oft über zweihundert Kaffees pro Stunde über den Tresen, und das Kaffeebohnenteam bleibt dennoch entspannt, tanzt geschmeidig umeinander wie gut ausgebildete Balletttänzer. Hier noch ein Tupfer Milchschaum, dort noch eine kleine Verzierung mit Farnmotiv, aus dem Handgelenk noch einen *Double Shot Espresso* und zum freudigen Abschluss noch eine kleine Jongliereinlage mit dem Löffel. Kaffeezaubereien: kabarettreife Inszenierung und Hochleistungssport in einem.

Das Geheimnis des *Flat White* habe ich mir von einer der besten Kaffeemacherinnen des Landes, der Milchschaumpoetin Jessica Godfrey, erklären lassen. Jessica, die seinerzeit im berühmten *L'Affare Café* gearbeitet hat und die ich ein Jahr später bei den Barista-Weltmeisterschaften 2010 in London als Aroma-Schiedsrichterin wiedertraf, erklärt sich die neuseeländische Kaffeerevolution mit der Leidenschaft, die junge Kaffeemacher in Wellington Mitte der Neunzigerjahre entfachten. Wellington hatte damals nicht nur die höchste Dichte an Kaffeeröstereien im Land, sondern auch die meisten Röstereien pro Kopf der Bevölkerung weltweit (das ist heute nicht mehr so, viele kleine Röstereien haben mittlerweile dichtgemacht). Wellington wurde zum Dorado einer jungen Clique von verrückten Kaffeekünstlern und zur Welthauptstadt eben jenes sagenhaften *Flat White*. Ob die Röster nun Jeff, Geoff oder Chris hießen, sie alle hatten bald nur noch eins im Kopf: weltweit die besten Arabica-Bohnen aufzutreiben.

Ich nenne Jessica Godfrey eine Milchschaumpoetin, da sie beim Beschreiben der Aromen, der Duftstoffe, der Konsistenz und des Geschmacks von Kaffee ein ganz eigenes Vokabular entwickelt hat – wie man es auch von wortgewandten Weinkritikern kennt. Bei ihr ist der Kaffee ebenso wie der Wein vollmundig, fruchtig herb und harmonisch gehaltvoll, bekommt aber eben auch sein ganz eigenes, oft poetisches Vokabular. So kann die Milchschaumkrone bei

Jessica durchaus einmal »vanillig« und von »eiscremehafter Konsistenz« sein, aber auch »schön wie eine verschneite Winterlandschaft«. Der obere Teil des Mundes, den wir schlicht Gaumen nennen, trägt bei ihr den Namen »Himmel des Mundes«. Laut Jessica sollten die Arabica-Bohnen immer frisch gemahlen und vorab möglichst schonend und mild geröstet sein. Über die frisch gemahlenen Kaffeebohnen kommt niemals kochendes Wasser, das würde das Pulver verbrühen und den Geschmack abtöten. Also heiß, aber nicht kochend. Ein Wellingtoner *Flat White* braucht eine dichte und samtige Milchcremekrone, aber keinen lockeren Milchschaum. Das unterscheidet ihn vom Café Latte. Deshalb halten gute Baristas den Schaum, der sich oben auf der Milch gebildet hat, mit einem Löffel zurück und lassen nur die dicke Milchcreme auf den Kaffee laufen. Die Milch eines *Flat White* macht nichts anderes als das, was gute Milch eben machen sollte, sie veredelt den Kaffee und lässt ihm Raum. Der Gipfel des Genusses ist ein *Ristretto*, ein in Wellington perfektionierter *Flat White* mit einem doppelten Schuss Espresso und einer Milchkrone aus Biomilch mit vollem Fettgehalt. *That's it.* Immer nur in der Keramiktasse serviert. Ein *Flat White* in einem Plastikbecher ist kein *Flat White*.

Da man zweifelsfrei schmecken kann, was da gezaubert wird, hat sich das Land, was das Rösten von Kaffeebohnen und die Zubereitung eines guten Kaffees anbelangt, in kürzester Zeit unter den Professionals weltweit einen hervorragenden Ruf erarbeitet. In London stehen die Besucher im legendären *Flat White Café* Schlange, und auch in Berlin gibt es mit dem *Antipodes* und dem *The Dairy* bereits zwei Ableger mit unglaublich gutem Kaffee neuseeländischer Prägung.

Essen aus dem Busch

Der Rotoma, der östlichste der Seen um die Geothermalstadt Rotorua, liegt inmitten einer sattgrünen Wildnis. Der Māori-Koch Charles Royal geht mit mir am Ufer entlang und biegt rechts ab in den Busch, den immergrünen Regenwald: Er führt mich direkt an die Frischetheke seines Naturkostladens. Dorthin, wo seine wilden Gourmetträume wuchern. Er zeigt mir die kleinen spiraligen Triebe des *Pikopiko,* eines essbaren Farns, die aussehen wie winzige Wesen, die sich zum Schlafen eingerollt haben. Dieser Farn, so Charles, hat verschiedene Persönlichkeiten. Er kann je nach Lichtverhältnissen und Bodenbeschaffenheit fragil und zerbrechlich sein, mild und zart oder keck und frech, aber auch kräftig und knackig. Es sei eine Herausforderung, diese unterschiedlichen Qualitäten in einem Menü oder einem *Pikopiko*-Salat in eine ausgewogene Balance zu bringen, sagt Charles und knickt vorsichtig eine zarte Farnspitze ab. Mein unerfahrener Blick verliert sich im moosigen, flechtigen Grün der Äste und im dunkleren Regenwaldgrün der nass triefenden Bäume. Ich muss aufpassen, nicht über Wurzeln zu stolpern, als mir Charles eine saftig-süße Tawa-Beere reicht, die er gerade entdeckt hat. Wir sind, so sagt Charles, auf dem direkten Weg in die Gewürzabteilung des Waldes. Und schon hat er ein gelb-grünes, mit roten Punkten übersätes Blatt in der Hand, den Buschpfeffer, den die Māori *Horopito* nennen. Er habe, so Charles, eine antibakterielle und antifungale Wirkung. Die Māori würden ihn als Gewürz sowie innerlich bei Magenbeschwerden und äußerlich gegen Pilze anwenden.

Nach unserer Rückkehr in die Stadt lerne ich in Charles Royals Küche noch weitere Geheimnisse der Māori-Küche kennen wie das Buschbasilikum *Kawakawa.* Ein Gewächs mit herzförmigen Blättern, das neben seiner kulinarischen

Verwendung pharmazeutisch genutzt wird. Da die Pflanze blutverdünnende und wundheilende Eigenschaften besitzt, gehört sie gewissermaßen zum Erste-Hilfe-Kasten der Māori.

Charles legt die Fundstücke unserer zweistündigen Sammeltour auf ein Holzbrett und bereitet uns einen köstlichen *Kinaki Mixed Salad* zu. *Pirita* gehört dazu, ein Liliengewächs, von dem nur die dunklen kurzen Triebe essbar sind und die mich an den Geschmack von grünen Bohnen erinnern. Hinzu kommen neuseeländische Raukearten, wilde Kräuter, spargelähnliche Triebe und eben *Pikopiko,* der essbare Farn, den Charles karamellisiert und als Höhepunkt auf den kleinen smaragdgrün schimmernden Dschungel legt, der sich inzwischen auf unseren Tellern befindet. Ein Schuss Balsamico-Essig, eine Prise Felsensalz und ein mit feinem Avocadoöl eingeriebenes und mit spiralförmigen Farnsprossen verziertes, sehr nussig schmeckendes Brot dürfen ebenfalls nicht fehlen.

Charles Royal geht seit seiner frühesten Jugend in den Busch. Er war lange Zeit als Koch für die neuseeländische Armee tätig, fand dann seinen Weg in die Küche des *Four Seasons* in Mailand, kochte in Rom, Florenz, Los Angeles, Adelaide und Shanghai. Seit seiner Rückkehr nach Neuseeland hat er sich ganz der Tradition der alten Kochkunst der Māori verschrieben, die er zu neuen Höhen führt. Als Gourmetethnologe durchkämmt er das Land auf der Suche nach alten verschollenen Rezepten. Und als *Food Hunter* findet man ihn im Gespräch mit älteren Māori-Frauen, die ihm geheime Rezepte ins Ohr flüstern. Charles Royal, der bereits 2003 die Auszeichnung als Neuseelands innovativster Koch erhalten hat, ist ständig auf der Suche nach dem traditionell reinen Geschmack der wild wuchernden Natur.

Der Ofen der Menschenfresser – moderne Version

»Keiner von uns hatte den geringsten Zweifel daran, dass diese Leute Kannibalen waren; doch dieser Knochen mit einem Teil der noch frischen Muskeln daran war ein stärkerer Beweis dafür als alles andere, was uns bisher begegnet war. Und um völlige Sicherheit bezüglich ihres Berichts zu erlangen, sagten wir einem von ihnen, es sei nicht der Knochen eines Menschen, sondern der eines Hundes, doch dieser ergriff in großer Erregung seinen Unterarm und wiederholte, dass es ein Menschenknochen sei, und um uns zu zeigen, dass sie das Fleisch verzehrt hatten, biss er mit den Zähnen in das Fleisch seines eigenen Armes und tat als wolle er es essen …«

James Cook, Logbucheintrag auf der *Endeavour*,
Mittwoch, 17. Januar 1769

Zugegeben, die Māori waren nicht immer so friedfertige Köche wie unser herzlicher Charles Royal. Es ging in der Küche der indigenen Bevölkerung oft sehr rustikal zu, man hatte sich, könnte man sagen, der Kochkunst seit jeher mit Haut und Haaren verschrieben. Bereits Kapitän Cook wusste durch seine Übersetzer, dass die Māori daran glaubten, sich das *Mana,* das Prestige, die Kraft und Stärke eines anderen Menschen, vor allem eines Feindes, dadurch einverleiben zu können, dass sie sein Fleisch verzehrten. Das immer wieder kolportierte Verspeisen des Herzens als besonderes Ritual scheint allerdings ein populärer Irrtum zu sein. Studiert man die Berichte der frühen Siedler oder befragt heutige Māori, so zogen die Ureinwohner Neuseelands normales Muskelfleisch vor. Da in ihrer Vorstellung der gesamte Körper ein Energieträger war, wurden auch die Knochen der Feinde »transformiert«, indem man beispielsweise Flöten aus ihnen schnitzte. Während ein Oberarmknochen sich so in ein kunstvoll geschnitztes und reich verziertes Musikinstrument verwandelte, wurde das den Knochen umgebende Fleisch von den frühen Köchen der Māori auf vielfältige Weise zubereitet.

Eine der größten Erfindungen war in diesem Zusammenhang der traditionelle Hāngī, wobei der ehemalige Ofen der Menschenfresser, der gute alte Erdloch-Hāngī, im modernen Neuseeland auch nicht mehr das ist, was er einmal war. Die Technisierung des 21. Jahrhunderts hat längst auch die alten Zubereitungsmethoden erreicht.

Als ich in der Umkleidekabine eines Rugbyteams aus Wellington nach einem gewonnenen Spiel ein Interview machen will, sehe ich dort zum ersten Mal eine mir unbekannte, seltsame kugelförmige Vorrichtung. Die Hāngī-Maschine. Für einen Hāngī, erzählt man mir, brauche man heute weder die klassische Erdgrube noch gut gelagertes Manuka-Holz oder ein Feuer. Der Aluminiumkessel hat innen drei Einsätze, auf die man das Essen legen kann. Auf den Boden des Kessels wird Manuka-Sägemehl gestreut und dann die Gasflamme unter dem recht teuren Ungetüm eingeschaltet, worauf der Manuka-Rauch das Essen durchströmt. Ein nasses Handtuch auf dem Topf sorgt für genügend Wasserdampf, um das Essen zu *steamen*. Zweieinhalb Stunden werden Schweinefleisch oder Hühnerfleisch zusammen mit Kumara oder Kürbis auf diese neumodische Weise gegart. Technikaffine Māori schwören auf den transportablen Hāngī, andere hassen die Dinger. Ein Rugbyspieler erklärt, der Tradition sei doch Genüge getan, wenn man das Schwein selbst geschossen habe.

Menschenfleisch jedenfalls findet heute weder in einer modernen Hāngī-Maschine noch in einem traditionellen Erdloch als Nahrungsmittel Verwendung, versichern die Rugbyspieler schmunzelnd.

Wein auf Waiheke Island

Die beiden ewigen Konkurrenten um die Vorherrschaft in Neuseeland, die Städte Wellington und Auckland, nehmen sich nicht viel, wenn es ums Austeilen von bösartigen Komplimenten geht. Die Wellys sagen, es gebe mehr Kultur in einem Joghurt als in Auckland. Eine Freundin hat mir verraten, Auckland sei der Platz, an dem sich die harten Kerle, die richtigen *kiwi blokes*, in eine Reihe von weichgespülten Warmduschern verwandelt hätten, was auf Neuseeländisch mit SNAG abgekürzt wird: *Sensitive New-Age Guy*. Südländer müssen sich nach eigenem Bekunden vor Ekel schütteln, wenn sie durch Auckland reisen. Ich hingegen liebe Auckland. Ich denke mir, die Mehrzahl der Instanttouristen, die sich nur kurz durch Aucklands Downtown spülen lassen, haben gar keine Ahnung, welche Juwelen in dieser Stadt zu finden sind. Auckland ist die ideale Stadt, um Neuseeland »einzuüben«. Man kann sich dort auf original America's-Cup-Schiffen wie im Würfelbecher durchschütteln lassen, mitten in der City erste Adrenalinsporterfahrungen sammeln, in der Bay mit Jetbooten übers Wasser rasen oder sich als Ganzkörper-Jo-Jo beim Bungeespringen von der Harbour Bridge oder dem Sky Tower stürzen.

Wenn man erst einmal verinnerlicht hat, wie groß die Stadt ist, kann man sich irgendwann richtig wohlfühlen, denn es gibt ein *»Auckland without Auckland«*, wie die Neuseeländer sagen. In Auckland muss man weiträumig denken. Wer immer nur die Queens Street rauf-und runtermarschiert, vergisst leicht: Zu dieser verrückten Stadt gehören auch Dschungel, wunderbare leere Strände, völlig einsame Vulkaninseln, malerische Buchten und herrliche Weingüter auf einer nahe gelegenen Insel.

Also, vergessen Sie die quirlige Innenstadt, vergessen Sie die hohen Preise rund um die Vulcan Lane, vergessen Sie all die Attraktionen, die man Ihnen in der City verspricht, und besuchen Sie Waiheke Island, die Weininsel, die so nah liegt und doch, für die meisten Besucher, so fern zu sein scheint. Ein traumhaftes Refugium mit idyllischen Olivenplantagen, Weinbergen, stillen Buchten und Restaurants mit Sicht auf weite, azurblaue Wasserwelten. Waiheke Island, nur achtzehn Kilometer von der City entfernt, ist in knapp mehr als einer halben Stunde bequem mit dem Schiff zu erreichen. Lassen Sie sich übrigens nicht irritieren: Viele Neuseeländer nennen die Insel Waihiki, weil der Māori-Name Waiheke anglisiert ausgesprochen wird.

Die Fahrt nach Waiheke beginnt an Pier zwei. Während der Reise durch den Golf von Hauraki schwebt neben dem Schiff dann links die sanft geschwungene Vulkaninsel Rangitoto vorbei. Ein menschenleeres Eiland, das über einen Damm mit der wesentlich älteren Insel Motutapu Island verbunden ist. Nachdem man Rangitoto passiert hat, verwandeln sich hinter einem die Segelschiffe und Jachten des Hafens und die Skyline von Auckland langsam in Miniaturen, und ehe man sich versieht, hat man bereits Waiheke und seinen westlichen Hafen Maitatia erreicht.

Vom Busfahrer lässt man sich zuerst einmal zum Palm Beach fahren. Die Busfahrer stehen hier über Funk miteinander in Verbindung, und so kann es passieren, dass der eine den anderen bittet, vielleicht noch ein Minütchen auf einen einzelnen Passagier zu warten.

»Hey Paul, hey mate g'day. Can you wait a moment at the supermarket, I have a guest who wants to go to Palm Beach?«

Mit den Busfahrern kann man sich übrigens prächtig unterhalten, die freuen sich meist über einen Plausch und fühlen sich keineswegs belästigt. Ich habe mal einen Busfahrer gesehen, der während seiner Pause ganz entspannt vor dem Bus stand und Tai-Chi-Übungen gemacht hat.

Einen Busfahrer in Uniform, der tief atmend in Zeitlupe die Harmonie zwischen Innen und Außen einübt und sich durch nichts aus der Ruhe bringen ließ. Auch das ist Waiheke Island.

Der feinkörnige Strand von Palm Beach ist meistens menschenleer, auch an den Wochenenden. Links ums Meer herum geht es zu den offiziell-inoffiziellen Nacktbadeabschnitten, die hier kurz und knapp *nudy beach* genannt werden. Eine Frau will über einen Makler ihr traumhaftes Haus direkt am Strand verkaufen und findet keine Abnehmer, obwohl der Preis schon dreimal gesenkt wurde. Der Grund ist, dass die Neuseeländer es vorziehen, oben auf einer Klippe oder auf einem Hang mit schöner Aussicht zu wohnen. Häuser, bei denen dauernd die Strandbesucher durch den Vorgarten laufen, sind verpönt, und wer möchte schon eine hohe Mauer hochziehen und sich den Blick aufs Meer verstellen?

Kaum zu glauben, aber Waiheke ist Neuseelands am dichtesten besiedelte Insel, und doch fühlt man sich wie in einem stillen Naturreservat. Waiheke – das sind achttausend Einwohner, hundert Quadratkilometer Inselfläche, fünfzig Buchten, dreißig Weingüter.

Nirgendwo auf der Welt habe ich ein schöneres Weinanbaugebiet gesehen. Die Winzer bevorzugen Hanglagen, um ihre Reben vor Winden zu schützen und die Sonnenstrahlen optimal einzufangen. Die Winzerhäuser stehen zwischen sanft geschwungenen Hügeln, und von den Terrassenrestaurants dieser Anwesen sieht man, mit einem eleganten Rotwein vor sich, über die grünen Weinstöcke hinweg aufs türkisfarbene Meer und die darauf schwebenden weißen Segeljachten.

Dabei müssten die Weingüter auf Waiheke gar keinen Meerblick bieten, um reizvoll zu sein – wie das international renommierte *Stonyridge*, das zweitälteste Gut der Insel, mit seinem hübschen Verandacafé sehr schön zeigt. Auf der Fahrt oder einer Wanderung zum Weingut kommt man an einem kleinen Weiher vorbei, einem Naturparadies im Bonsaiformat mit eigenem Mikroklima und eigener Vogelwelt. Das Weingut selbst erinnert ein wenig an die Toskana. *Stonyridge* liegt in einer sogenannten *Natural Heat Trap*, einer natürlichen Wärmefalle, in der die Temperatur immer zwei bis drei Grad höher liegt als in der City von Auckland. Die roten, in Eichenfässern gereiften Cuvées schmecken reich, milchig und fruchtig. Eine feine Butter-Scotch-Note fliegt mir beim Verkosten in die Nase. Bei einer Führung über die Hügel des Anwesens staunt man über die schief stehenden Korkbäume, die aus Portugal stammen und 1982 importiert wurden. Heute wäre es wohl unmöglich, solche Bäume nach Neuseeland zu bringen. Auch die zahlreichen Olivenbäume auf dem Grundstück kämen wohl kaum noch durch die Bio-Security. Feine Vogelschutznetze sind über die akkurat in Reihe stehenden Merlot- und Cabernet-Reben gespannt. Der Hügel, der im Südwesten zu sehen ist und sich als Schutzschild vor die Winde stellt, heißt Stonyridge und gibt dem Weingut seinen Namen.

Die Rebstöcke sind alle nach Norden ausgerichtet. Die Rosenbüsche, die vor den Reben stehen, sind als frühe Indikatoren für einen eventuellen Schädlingsbefall gepflanzt worden. Als Insel verfügt Waiheke über ein ausgesprochen günstiges Mikroklima für Weine. Wenig Frost, viel Sonne, mineralhaltige Böden aus verwittertem Sedimentgestein. Die Temperaturen sind ausgeglichen, sodass selbst spät reifende Rebsorten wie Cabernet Franc oder Cabernet Sauvignon bereits im März geerntet werden können.

Auf *Stonyridge* beginnt die Traubenlese Ende April, Anfang Mai, und alle, die sich einen harten, aber lohnenswerten Job in Neuseeland vorstellen können, sind herzlich willkommen. Fünfzig Backpacker machen sich alljährlich an die Arbeit in den Weinhügeln.

Bei internationalen Blindverkostungen taucht seit 2006 das Prunkstück des Hauses, der Cuvée Larose, weltweit immer ganz vorn auf. Ein Spitzenwein, von dem neunzig Prozent schon verkauft sind, bevor er in der Flasche ist. Und die ist mit ihrem Preis von 220 Neuseeland-Dollar nicht gerade billig. Waiheke-Weine werden mit Medaillen überhäuft und erzielen weltweit Spitzenpreise. Trotz der teuren Verkaufspreise ist ein Besuch auf der Insel Waiheke für Weinfreunde also allemal lohnenswert, da man bei den Führungen den Wein ja meist kostenlos probieren kann.

Die Politik des Bienenstocks

Die neuseeländische Politik operiert seit der Ankunft der ersten weißen Siedler im 18. Jahrhundert im Spannungsfeld der Ethnien. Vor allem die Verteilungskämpfe um Grund und Boden haben seit je zu Konflikten geführt. Pākehā (Weiße) und Māori gleichermaßen begannen frühzeitig, die Natur- und Bodenschätze des Landes zu plündern. Während die Māori für die Ausrottung des Moa, des größten Laufvogels der Inseln, verantwortlich waren, wurden die umfangreichen Vorkommen an Walen, Robben und Holz von den weißen Siedlern, Seeleuten und Händlern hemmungslos ausgebeutet. Fünfzig Jahre nach der Entdeckung durch James Cook lebten gerade einmal zweihundert europäische Siedler in Neuseeland. Doch diese Zahl stieg ab 1800 sprunghaft an, als Walfänger und Robbenjäger aus Großbritannien, der größten damaligen Walfangnation, die andere Seite der Welt als Jagdgebiet entdeckten und sich große Gewinne aus dem Walfang und dem Fellhandel versprachen. Allein im Jahr 1805 wurden bei einer einzigen Ladung über 80 000 Robbenfelle nach London verfrachtet. Europa meldete immer größeren Bedarf an Rohstoffen an, Neuseeland wurde zu einem regelrechten Zulieferer der britischen Kriegsindustrie: Man brauchte Nutzholz für den Schiffbau, Flachs für die Herstellung fester Seile und Öl aus dem Walfang, um die Lampen in den europäischen Städten zu befeuern.

Um 1800 lebten, neben den immer zahlreicher werdenden Walfängern, Missionaren, Abenteurern und Goldsuchern aus Europa und Amerika, noch 120 000 Māori auf den beiden Hauptinseln. Doch da sie im Tauschhandel für Land und Wälder Schusswaffen erhalten hatten und es unter den einzelnen Stämmen vermehrt zu Konflikten kam, reduzierte sich die Zahl der Māori rapide. Allein in den sogenannten Musketenkriegen kamen innerhalb von sechs Jahren über 20 000 Kämpfer ums Leben. Als dann, ab 1820, auch die Konflikte zwischen den weißen Siedlern und den Māori immer häufiger eskalierten, entkam die Māori-Bevölkerung nur knapp einem Völkermord. Die Welt der indigenen Bevölkerung hatte sich in wenigen Jahrzehnten vollkommen verwandelt. Viele Māori hatten sich anfangs als Helfer auf den Schiffen der Wal- und Robbenfänger versucht, waren zwischen all den Engländern, Schotten, Iren, Aboriginies, Tahitianern und Portugiesen jedoch bestenfalls eine Minderheit. Zudem kamen mit der Ankunft der weißen Siedler immer mehr Krankheiten ins Land. Geschlechtskrankheiten, Influenza, Masern, Pocken, Tuberkulose, Typhus und zahlreiche andere Seuchen brachten Not und Elend oder, im schlimmsten Fall, den Tod.

Die alarmierenden Zustände blieben in England nicht unbemerkt. Noch zu Beginn des 18. Jahrhunderts wurde Neuseeland von Australien aus verwaltet, doch die anarchischen, oft kriminellen Zustände, allem voran der zunehmende Handel mit Māori-Schrumpfköpfen, veranlassten schließlich die britische Krone in London zum Handeln.

Neben der Errichtung einer zentralen Regierung vor Ort ging es vor allem darum, die Māori vor Landraub zu schützen, Besitzansprüche klar zu regeln und, wenn möglich, die Māori ans britische Recht zu binden.

Im berühmtesten Vertrag Neuseelands, dem Vertrag von Waitangi, wurde 1840 erstmals das gesamte Land der Souveränität Britanniens unterstellt. Im zweiten Artikel des Vertrages garantiert die britische Königin Victoria allen Stämmen und Häuptlingen das uneingeschränkte Recht auf Eigentum. Allerdings sicherte sich die britische Krone ein Vorkaufsrecht, falls sich die Stämme entscheiden sollten, ihre Wälder, Seen (samt Fischgründen) und ihr Land abzugeben.

Die Māori kannten bis dahin keine Verträge. Land, Wasser und Wälder waren in ihrer Vorstellung Dinge, die niemandem gehörten. Ihr Land war untrennbar mit ihrem Volk verbunden, die heiligen Stätten, vor allem aber die Gräber waren unveräußerlich. Und die Diskussion über den Vertrag von Waitangi hält bis zum heutigen Tag an. Denn viele Māori bezweifeln, dass jedem der über 500 unterzeichnenden Häuptlinge der genaue Wortlaut des Vertragswerkes überhaupt verständlich war. Denn auch nachfolgend kam es durch zahlreiche Missverständnisse und Kriege immer wieder zum illegalen Landraub. Die britische Krone, die im Vertrag alle Māori unter den persönlichen Schutz der Königin stellte, hatte angenommen, der Vertrag sei für alle Māori rechtsbindend, dabei aber übersehen, dass trotz der 500 Unterzeichner noch immer viele Häuptlinge den Vertrag nicht signiert hatten. Aus dieser eingeschränkten Rechtskräftigkeit ergibt sich bis heute ein Konfliktpotenzial.

Ich hatte das Glück, in Berlin bei den Filmfestspielen 2012 den politischen Māori-Aktivisten Ngaa Rauuira Pumanawawhiti zu treffen. Im neuseeländischen Dokumentarfilm »Maori Boy Genius« wird der gerade einmal achtzehnjährige Student als kommender Stern am politischen Himmel seines Landes gefeiert. Ngaa sagte mir, der Kampf der Māori um Rechte und Anerkennung müsse unbedingt weitergeführt werden. Der Vertrag von Waitangi habe zwar 1975 zur Gründung eines Tribunals geführt, in dem die Forderungen nach Landrückgabe und finanzieller Entschädigung geregelt werden sollen. Doch als Schlichtungsinstanz sei dieses sogenannte Waitangi-Tribunal für viele Māori völlig inakzeptabel. Wenn es um Entschädigungen und eine Konsenssuche gehe, würden viele Entscheidungen nach wie vor im Sinne der Pākehā, der weißen Bewohner, gefällt.

Die Lösung, so sieht es zumindest der Film »Maori Boy Genius« vor, könnte ein neuseeländischer Premierminister māorischer Abstammung sein. »Ich bin bereit, diesen politischen Weg zu gehen«, sagte mir Ngaa Rauuira. Aber es könne noch einige Zeit dauern, bis er am Ziel sei.

Neuseeländische Politik ist weiblich

Wer sich das Regierungsgebäude in Wellington genauer ansieht, wird verblüffende architektonische Parallelen zu einem Bienenstock feststellen. Diese Assoziation ist gerechtfertigt, denn genau als *beehive,* als Bienenstock, ist das Gebäude auch bekannt. Der Entwurf des schottischen Architekten Basil Spence soll angeblich von einer Streichholzschachtel inspiriert worden sein, auf der ein solcher Nistkorb abgebildet war. Eine clevere Idee, die den Fleiß der Bienen, der auch in Neuseeland sprichwörtlich ist, widerspiegelt und unbewusst in den Köpfen der Regierten verankert.

Neuseeländische Politik ist weiblich. Offiziell ist Königin Elisabeth II. von England immer noch Staatsoberhaupt von Neuseeland, doch seit Jahren wird sie von einem Generalmajor vertreten, der zuletzt nicht selten eine Frau war. Das Verhältnis zum englischen Königshaus hat sich in den vergangenen Jahrzehnten merklich abgekühlt. Die Begeisterung, die die Queen bei ihrem ersten Staatsbesuch im Jahr 1953 auslöste, als ein Drittel des Landes auf den Beinen war, um sie zu bejubeln, war bereits bei ihrem zweiten Besuch passé. Ein Māori warf in den späten Siebzigern sogar ein T-Shirt nach ihr. Als die Königin dann ein drittes Mal nach Neuseeland kam, hieß es in den Medien, die wenigen Menschen an der Straße seien wohl zu alt gewesen, um noch die Kraft aufzubringen und ein T-Shirt zu werfen. Die Abwendung von der Krone vollzog sich schrittweise: Der erste große Einschnitt erfolgte im Ersten Weltkrieg in der türkischen Stadt Gallipolli, wo englische Generäle neuseeländische Soldaten sinnlos verheizten, und als Großbritannien 1972 der EU beitrat, fühlte sich Neuseeland endgültig betrogen, schmollte und wandte sich den pazifischen Nachbarn zu. Letztendlich hat diese Emanzipation der Nation allerdings gutgetan, denn heute sieht man sich nicht länger nur als entfernte Farm des britischen Königreichs, sondern als eine eigene Handelsnation im Südpazifik.

Darf man sich wirklich von der Königin Mutter lösen, fragten die Medien, als die ökonomische Abwendung von England immer deutlicher wurde. Mit dieser Frage war keine vollständige Trennung gemeint, sondern eine eher sentimentale Vergewisserung. Schließlich fand Neuseeland eine Antwort, indem es seine eigene Landespolitik weiblicher gestaltete. Das alte, paternalistische und männerdominierte Neuseeland bekam zum Ende des alten Jahrtausends ein neues weibliches Gesicht. Auch wenn derzeit (Dezember 2014) Neuseeland wieder von einem Mann regiert wird, ist es eines der wenigen Länder, die bereits zwei weibliche Regierungschefs hatten, und das einzige, in dem diese Regierungschefinnen einander direkt ablösten. Es war Helen Clark, die als Chefin der Labour Party den Staffelstab der höchsten Amtsgeschäfte von Jenny Shipley übernahm, die bereits 1997 zur ersten Premierministerin Neuseelands gewählt worden war. Helen Clark verwies darauf, dass es in Übersee nicht allzu viele Vorbilder für weibliche Regierungschefs gab und Indira Gandhi, die einst auf dem indischen Subkontinent regierte, lediglich als Mitglied eines Familienclans nach oben gespült worden war.

Wer im Parlament TV auf Channel 94 die Livedebatten aus dem *House of Representatives* verfolgt, wird sich wundern, wie sehr in den Debatten immer wieder die Cleverness der Frauen betont wird, sowohl was die Verwaltung der Finanzen als auch was die Effektivität in den Ämtern betrifft. Früher wurden die australischen und neuseeländischen Frauen, die im Schatten ihres Mannes standen, sich um Küche und Kinder kümmerten und gleichzeitig ihrem Mann noch treuer Freund und Kumpel waren, Sheila genannt. Ähnlich wie der Name Cecilia stammt das Wort aus dem Lateinischen und bedeutet so viel wie »blind«. Dem Mann blind ergeben sind die modernen neuseeländischen Frauen aber keineswegs. Denn die Emanzipationsbewegung setzte hier bereits im 19. Jahrhundert ein und führte immerhin zum ersten Frauenwahlrecht der Welt im Jahr 1893.

Die Landeschefs in Neuseeland übernehmen, ganz im Gegensatz zu unseren Bundeskanzlern und Bundeskanzlerinnen, noch zusätzlich ein Ministerium, das ihnen wichtig erscheint. Für Helen Clark war es seinerzeit die Kultur, und John Key, der derzeitige Premierminister von Neuseeland (National Party), ist gleichzeitig noch Minister für Tourismus, da ihm dieser Bereich der Schlüssel zur neuseeländischen Wirtschaft zu sein scheint.

Die Rolle des Staatsoberhauptes ist in Neuseeland verblüffenderweise nicht klar durch Gesetze geregelt, sondern ergibt sich eher aus den Konventionen. Das betrifft auch das Regierungskabinett und Parlament, und selbstverständlich gilt hier als oberste Vereinbarung die ungeschriebene

Regel des *Tall Poppy*. Dass keiner über dem anderen stehen darf, bedeutet im Fall des Premierministers: Er ist ein *primus inter pares*, ein Erster unter Gleichen. Er hat den höchsten Posten der Regierung, muss sich aber an alle Beschlüsse halten, die sein Kabinett beschließt.

Bitte nenne es nicht Wellywood!

»I am just a simple man, trying to make his way to the universe.«

Der Māori Temuera Morrison als außerirdischer Kopfgeldjäger *Boba Fett* im Film »Krieg der Sterne«. (Regisseur George Lucas ist der Meinung, der singend pulsierende Neuseelandakzent von Temuera Morrison ähnelt am ehesten einer außerirdisch klingenden Sprache.)

Wenn ich durch Neuseeland reise, stelle ich mir oft die Frage, was sich wirklich in dieser Wundertüte verbirgt. Was geschieht hinter den Fassaden all dieser Holzhäuser, hinter den Farmzäunen, in den abgelegenen Tälern, im Land der Gletscher, in den Fischerdörfern der Māori oder weit draußen auf den Chatman-Inseln? Und wie sah Neuseeland in den 80er-Jahren aus? Viele dieser Fragen werden einem im Filmarchiv in Wellington beantwortet. Eine Empfehlung nicht nur für Cineasten, sondern auch für diejenigen, die mehr über die Natur, die Tier- und Pflanzenwelt und den neuseeländischen Alltag erfahren möchten. Jeder kann sich hier kostenlos und ohne große Anmeldungszeremonie Filme ansehen und Tonträger anhören. Dokumentationen, Fernsehaufzeichnungen, Kinofilme. Das Filmarchiv in der Taranaki Street 84 gehört zu den besten Orten in Neuseeland, um sich ordentlich mit Filmen und Leben vollzutanken. Und einen exzellenten Kaffee gibt es dort obendrein.

Seit 1896 kennen dic Neuseeländer das berauschende Gefühl, das einem Licht und bewegte Bilder in einem dunklen Raum verschaffen. Das Land gehörte mit zu den allerersten, in denen Filme gezeigt wurden, und bereits 1899 begann man in Neuseeland mit der eigenen Filmproduktion.

Filme wie »My Lady of the Cave« (1922) oder »Bush Cinderella« (1928) machten international allerdings keine großen Schlagzeilen. Noch 1972 griffen die Produzenten von »To Love a Maori« selbst zum Telefonhörer und riefen in den Städten, in denen ihr Film lief, alle Menschen, die einen Māori-Namen trugen, an, um ihren Film zu bewerben. Doch spätestens seit internationalen Erfolgen wie »Das Piano« und »Whale Rider« ist das neuseeländische Kino weltweit bekannt, und seit »Der Herr der Ringe« ist die Filmindustrie zu einem Markenzeichen des Landes geworden. Wohl niemals zuvor hat es eine Verfilmung geschafft, ein ganzes Volk zu mobilisieren und die magische Landschaft eines realen Landes zum Inbegriff einer Phantasiewelt namens Mittelerde zu machen. Seit »Herr der Ringe« ist Neuseeland nicht mehr das, was es vorher einmal war.

Ein ganzes Volk auf den Beinen

Polizisten, Toningenieure, Bastler, Soldaten, Farmer – bei meinen Reisen durch Neuseeland treffe ich immer wieder Menschen, die am Filmset von »Der Herr der Ringe« mitgewirkt haben. Manche von ihnen sind während der Dreharbeiten eine Woche lang durchs dichte Grasland gerannt, um dann für nur wenige Sekunden im Film zu erscheinen.

Am 3. Juli 2010 war auf dem Titelblatt der Zeitung *New Zealand Listener* die folgende Schlagzeile zu lesen: »*The 2010 Guide To Being a New Zealander: How the world sees us*«. Die Obsession der Neuseeländer, sich zu fragen, was für ein Bild sich die Welt von ihrem Land macht, wurde mit den üblichen Dingen illustriert, wie einem Schaf und einem Māori-Krieger, der in einer wilden Haka-Pose auftrat. Aber im Zentrum der Titelbildillustration war Frodo abgebildet, der Held aus »Herr der Ringe«, und dieser Frodo Beutlin trug unter dem einen Arm einen Oscar und unter dem anderen Arm einen Rugbyball.

Zum ersten Mal hatte es eine Filmfigur in den heiligen Pantheon der Kiwiana geschafft, und für den Regisseur Peter Jackson, der für die Verfilmung des Tolkien-Klassikers weltweiten Ruhm erntete, war die Zeit endgültig vorbei, als er einfach barfuß in seine Lieblingscafés und Kneipen in Wellington gehen konnte, um dort mit seinen Freunden neue Filmideen auszubrüten. Der Regisseur, dessen neuseeländische Filme allenfalls Insidern bekannt waren, wurde über Nacht zur Kultfigur. Als man jedoch ihm zu Ehren die weißen riesigen Lettern WELLYWOOD in die Berge vor seiner Heimatstadt Wellington stellen wollte, war Peter Jackson strikt dagegen. »Was wir hier machen, ist etwas ganz Eigenes, wir müssen also niemanden kopieren, schon gar nicht Hollywood.«

Willkommen in Mittelerde

Zu Beginn des neuen Jahrtausends hatte Jackson das Unmögliche erreicht und die US-Filmproduzenten davon überzeugt,

J.R.R. Tolkiens Fantasybuch nicht in Hollywood, sondern in Neuseeland verfilmen zu lassen. Ein wahrer Geniestreich, der dem Land heute jährlich geschätzte drei Milliarden Euro an Gewinn bringt. Als Peter Jackson 1999 mit der Verfilmung von »Lord of the Rings« begann, beschäftigte diese Produktion quasi das ganze Land. Über 26 000 Neuseeländer waren am Film beteiligt, die neuseeländische Regierung garantierte einen Teil der Produktionskosten, die Armee baute Straßen und stellte Soldaten für Massenszenen ab, die damals noch nicht, wie heute, mit einem neuseeländischen Softwareprogramm namens *Massive* generiert werden konnten. Um den Sound einer Schlacht im Film einzufangen, schrien sich 30 000 Stadionzuschauer eines Kricketspiels in Wellington die Seele aus dem Hals. Die Filme der Trilogie wurden für 19 Oscars nominiert und gewannen sechs. Ein Fan in Thailand behauptet, die Saga bereits mehr als 250-mal gesehen zu haben.

Die Ringe-Trilogie zieht jährlich Millionen Besucher nach Matamata, das wohl besser als Hobbiton bekannt ist. Der neuseeländische Premierminister John Key hat im Juni 2012 bei einem Gespräch mit deutschen Journalisten erzählt, er habe von Barack Obama ein geschmiedetes Schwert aus der »Lord of the Rings«-Verfilmung geschenkt bekommen. Der amerikanische Präsident hatte also keine Kosten und Mühen gescheut, die insgeheimen Wünsche des neuseeländischen Premierministers herauszufinden und ihn mit einem Filmschwert aus seinem eigenen Land zu überraschen. Neuseeländische Filmrequisiten schaffen es eben ab und zu sogar auf die große weltpolitische Bühne. Ich habe japanische Teenager auf einer geführten Filmsettour gesehen, die angesichts der auf Grasterrassen ruhenden runden Eingangstüren der Hobbit-Behausungen in Weinkrämpfe ausgebrochen sind. Wer möchte, kann sich die Stelle, wo einst Frodo während der Dreharbeiten ein Sandwich aß, heute per GPS-Koordinaten anzeigen lassen und dann ebenfalls in Verzückung verfallen. Die Trilogie »Der Hobbit« ist, nach der Fertigstellung des letzten Teils *The Battle of the Five Armies*, mit über einer Milliarde Neuseeland-Dollar die bislang teuerste Film-Trilogie aller Zeiten. Neuseeland ist einfach filmverrückt.

Eagle vs Shark und Pavlova-Western

Der moderne neuseeländische Film hat natürlich weitaus mehr zu bieten als die vom Übervater Peter Jackson generierten Werke. Da wäre zum Beispiel der wunderbare Film »Eagle vs Shark« zu nennen. Eine hübsche, verschrobene Liebesgeschichte zweier Looser des Regisseurs Taika Waititi, in der die Frage behandelt wird, was man nur mit all der Liebe machen soll, die man so tief in sich trägt. Wunderbar, wie der Star der Gruppe *Flight of the Conchords*, Jemaine Clement, in dieser romantischen Komödie einen herzlosen Macho verkörpert, dann aber, am Ende, dem unheilbaren Optimismus der liebevollen, schüchternen Lily (gespielt von Loren Horsley) hoffnungslos erlegen ist.

Zu den größten Überraschungen des neuseeländischen Films zählt sicher der Erfolg von »Boy«, einer Tragikomödie, ebenfalls vom Regisseur Taika Waititi, in der ein Māori-Junge seinen abwesenden Vater zu einem Superhelden stilisiert. »Boy« wurde in Neuseeland von weitaus mehr Besuchern gesehen als die bis dahin sehr erfolgreichen Filme »The Worlds Fastest Indian«, »Once were Warriors« oder »Whale Rider«. Alle international bekannten Filme werden in Neuseeland heute touristisch ausgeschlachtet. So gehören sowohl der Strand, an dem einst das Piano von Holly Hunter stand, als auch das Stück Meeresküste, an dem »Whale Rider« gedreht wurde, heute zum Standardausflugsprogramm.

Wahrscheinlich wird dies auch mit einem Film geschehen, der als erster neuseeländischer Western vollständig auf der Südinsel gedreht wurde. In »Good for Nothing« steht die wirklich grandiose neuseeländische Landschaft im Mittelpunkt. Ich hatte das Vergnügen, am 22. April 2012 bei der Premiere dieses von der Presse als erster Pavlova-Western der Filmgeschichte angekündigten Spektakels dabei zu sein. Wobei der Begriff Pavlova-Western ein augenzwinkernder Hinweis darauf sein soll, dass die Neuseeländer und nicht die Australier die berühmte Desserttorte erfunden haben. Die 750 geladenen Gäste des Embassy Theatre in Wellington wurden bei dieser Premiere allesamt einzeln, paar- oder gruppenweise vor einer Werbefläche abgelichtet. Typisch Neuseeland: Es war das erste Mal, dass ich bei einer Filmpremiere vor dem Haupteingang dicke Strohballen gesehen habe. Die Ballen sollten den roten Teppich begrenzen und sicherlich auch auf die Gattung Western hinweisen. Eine ironische weitere Begründung der Organisatoren war, dass auf diese Weise ungebetene Gäste, betrunkene Westernfans oder Possums vom Eintritt abgehalten werden sollten. Wie auch immer, Peter Jackson und der Schauspieler Ian McKellen hatten es sowieso vorgezogen, die Hintertür des Theaters zu benutzen.

Literatur – kräftig, klar, authentisch

Die mündlich vorgetragenen Legenden der Māori stellen den eigentlichen Beginn der neuseeländischen Literatur dar. Eine schriftliche Aufzeichnung ihrer Schöpfungsmythen, Sagen und poetischen Gesänge gab es vor 1840 nicht, die meisten der alten lyrischen Texte sind allerdings bis heute in den sogenannten *Waiata* erhalten geblieben: den rituellen Gesängen, die eine Spannbreite vom Trauergesang über die Ahnenverehrung bis hin zum Liebesgedicht umfassen. Auch eine strikte Trennung der Künste kannten die Māori nicht. Literatur, Musik, Tanz und Theater verschmolzen in ihrer Darstellung. Geschichten wurden getanzt und Gesänge erzählt, so wie es uns der große Storyteller *Joe Harawira* heute noch vorführt. Das Erwachen dessen, was wir im Westen unter Literatur verstehen, begann im neuseeländischen Theater des 19. Jahrhunderts und fand seine Fortsetzung in den ersten Romanen, die vor allem die frühe Besiedlung zum Thema hatten. Eines der interessantesten Werke aus dieser Zeit ist der von Samuel Butler verfasste Roman »Erewhon« aus dem Jahr 1872. Samuel Butler ist bereits 1859 von England nach Neuseeland emigriert, nicht nur um eine möglichst große Distanz zwischen sich und seine Familie zu legen, sondern auch um die Ruhe und Muße zu haben, eine utopische Satire im besten viktorianischen Stil zu verfassen. Der Titel des Romans ist ein Anagramm, das eben auch als *Nowhere* gelesen werden kann. Doch die Erzählung findet nicht im Niemandsland statt. Die Landschaftsbeschreibung von Samuel Butler weist eindeutig auf Neuseeland als Ort des Geschehens hin. »Erewhon« ist eine spitze Satire auf ein vermeintliches utopisches Paradies, das sich ein viktorianisches Korsett mit zwanghaften und stark autoritären Zügen verpasst hat. So ist es den Bewohnern dieses Paradieses unter anderem strengstens untersagt, krank zu werden.

Natürlich orientiert sich die frühe neuseeländische Literatur, die ja meist von britischen Einwanderern verfasst wurde, thematisch stark an der des englischen Mutterlandes. Allerdings waren die Methoden, mit der sich neuseeländische Autoren und Autorinnen am Ende der viktorianischen Zeit ihre Stoffe verschafften, bereits mit jenem Schuss an Eigensinn und Kreativität ausgestattet, die für Neuseeland bis heute charakteristisch sind.

Die Kriminalschriftstellerin Edith Ngaio Marsh, die oftmals als die Agatha Christie Neuseelands bezeichnet wird, schlich auf ihren Recherchetouren beispielsweise als Mann verkleidet durch ihre Heimatstadt Christchurch. Und auch die Autorin, die bis heute als einzige Neuseeländerin literarischen Weltruhm erlangte, Katherine Mansfield, emanzipierte sich in ihrem Leben von klassischen Vorgaben und den üblichen Lebensläufen anderer Autoren. Die Wegbereiterin der modernen englischen Short Story schloss sich auf ihrer Suche nach literarischer Wahrheit einer Gruppe von Esoterikern an, die eine tiefere Authentizität des Seins unter anderem im Tanz und in der Musik zu ergründen suchte.

Katherine Mansfield

Im Garten des Geburtshauses von Katherine Mansfield blühen Blumen, die schon zu Lebzeiten der Autorin dort wuchsen: Rosen, Jasmin, Lavendel, Pelargonien und Ringelblumen. Sorgfältig hat man das Geburtshaus in der Tinakori Road 25 in Wellington mit antiken Möbeln ausgestattet und Repliken der alten Tapeten an die Wände geklebt. Man sei untröstlich, sagte man mir, weil Neuseelands einzige Schriftstellerin von Weltruf ihrer Heimat bereits mit neunzehn Jahren den Rücken gekehrt habe. 1907 verabschiedete sich Mansfield aus Wellington und machte sich auf den Weg nach Europa, um dort Virginia Woolf, T. S. Eliot und D. H. Lawrence zu treffen. Die junge Frau hatte es eilig, ihr Zuhause zu verlassen, nicht nur weil das Neuseeland ihrer Jugend ihr keine Hoffnung auf eine literarische Karriere machen konnte. Auch rein inhaltlich wandte sich Katherine Mansfield anfangs von ihrer Heimat ab. Wer sich für Mansfields Ausflug in die deutsche Kurlandschaft interessiert, dem sei beispielsweise »In a German pension« ans Herz gelegt, in der die Deutsch sprechende Katherine Mansfield ihre mitkurenden Gäste in Bad Wörishofen einem humorigen, aber unerbittlich klaren Blick aussetzt.

Die neuseeländische Heimat blieb der Schriftstellerin lange Zeit eine fremde Idylle. Katherine Mansfield war zeit ihres Lebens auf der Suche nach der Essenz der Dinge. Mit oberflächlich plaudernden Gästen einer neuseeländischen Gartenparty konnte sie ebenso wenig anfangen wie mit einem Vogel im Käfig oder der romantischen Literatur, die zu ihrer Zeit in Neuseeland erschien. In ihrer frühen kurzen Erzählung »About Pat« zeigt sich die Sehnsucht der jungen Autorin nach authentischen Menschen, wie jenem irischen Gärtner Pat, der sich in ihrer Jugend um den Garten ihrer Eltern kümmerte und später Goldsucher wurde. Der Gärtner Pat scheint derjenige gewesen zu sein, der in Katherine Mansfield bereits als Kind das Fernweh erweckte, indem er sie abends auf den Tisch setzte und ihr irische Geschichten erzählte. In ihrer Londoner Zeit erzählt Katherine Mansfield davon, wie sehr sie romantische Metaphern wie Mondenschein und Nachtigallengesang verabscheue, sich nach einer kräftigen, klaren Literatur sehne, einer Literatur, die nicht mehr lügen müsse. Ihr ganzes Leben war letztlich auf diese Suche hin ausgerichtet. Doch blieb ihr nicht viel Zeit, denn bereits mit neunundzwanzig Jahren wurde bei Mansfield Tuberkulose diagnostiziert. Am Ende ihres sehr kurzen Lebens traf sie auf den Mystiker, Tanzlehrer und Komponisten Georg I. Gurdjieff, zog in dessen Kommune in die Nähe von Paris und verlebte dort, nach eigener Aussage, die glücklichste Zeit ihres Lebens. Den Sinn ihrer literarischen Reise wie der ihres gesamten Lebens, so vertraute es Mansfield ihren Tagebüchern an, liege darin, aus einem tiefen Schlaf aufzuwachen, der die Welt der wahren Dinge mit einem Schleier überziehe. Katherine Mansfield starb im Alter von nur vierunddreißig Jahren in Fontainebleau bei Paris.

Katherine Mansfield war die Vorgängerin aller heutigen neuseeländischen Autoren, die aus einer landestypischen Neugier heraus eine *Overseas Experience* machen – wie beispielsweise auch heutzutage die Autorinnen Sarah Quigley und Kate Camp in Berlin ihre Erfahrungen sammeln und literarisch aufarbeiten. Doch Mansfield wollte, im Gegensatz zu den meisten heutigen Autoren, nie wieder nach Neuseeland zurück. Auch dem Drängen ihrer Verwandtschaft, doch wenigstens in ihrer Heimat zu sterben, gab sie nicht nach. Mansfield, die neben ihrer schweren Erkrankung viele weitere Schicksalsschläge erleiden musste, war bereits zu ihren Lebzeiten als moderne Autorin bekannt und erlangte aufgrund ihrer ungewöhnlichen Biografie nach ihrem Tod als erste neuseeländische Autorin weltweiten Ruhm. Literarischen Ruhm, den sie mit Sicherheit nicht erlangt hätte, wenn sie in ihrer Heimat Neuseeland geblieben wäre.

Alan Duff

Klassenunterschiede sind und bleiben ein wesentliches Element fiktionaler Literatur. Schriftsteller beleuchten weltweit die Unterschiede zwischen den gesellschaftlichen Schichten und legen nur allzu gern die Finger in die Wunden, die dieses Thema immer wieder hervorruft. Im »klassenlosen Neuseeland« war allein die Existenz unterschiedlicher Schichten lange Zeit tabu. Der erste Schriftsteller Neuseelands, der sich an dieses Thema wagte, ist der von der Kritik sehr kontrovers beurteilte Alan Duff. Ich habe Duff auf der Buchmesse in Leipzig 2012 getroffen und zu den Reaktionen befragen können, die sein Buch »Once were Warriors« vor zwanzig Jahren hervorgerufen hat. Duff schildert darin das Familienleben der Māori-Familie Heke, in der der gewalttätige, arbeitslose Jack »the Muss« (Muss steht für Muscles, also Muskeln) sich hauptsächlich dem Alkohol hingibt und seine Frau Beth und seine Kinder drangsaliert. Die fiktive Stadt namens *Two Lakes,* in der die Geschichte angesiedelt ist, lässt sich eindeutig als Rotorua identifizieren, die Stadt, in der Alan Duff aufgewachsen ist (Rotorua heißt übersetzt Zwei Seen). Da es im Roman erstmals in der neuseeländischen Literatur explizit um häusliche Gewalt, Kneipenschlägereien, Drogenexzesse und um Vergewaltigung geht, wurde das Buch einerseits als Augenöffner von der literarischen Szene begrüßt, auf der anderen Seite aber, angesichts der drastischen Sprache und realitätsnahen Schilderungen, stark kritisiert. Alan Duff sagte mir, es sei ein sehr emotionaler Stoff gewesen, er selbst habe viele Jahre in den Straßengangs in Rotorua gelebt, nachdem er aus einem Erziehungsheim entlassen worden sei. Und auch die Reaktionen auf den Stoff damals seien hochemotional gewesen. Mit dem Regisseur, der seinen Roman 1994 verfilmt habe, Lee Tamahori, habe er sich heillos zerstritten, da große Teile der Handlung, vor allem aber das Ende des Films sehr vom Buch abwichen. Eine Verfälschung der Tatsachen, wie Alan Duff es sieht. Die kulturellen Unterschiede, die ökonomische Ungleichheit und die unterschiedliche Chancengleichheit zwischen Māori und weißen Neuseeländern ist nach wie vor ein bedeutendes Thema für den Autor, der bislang nicht an seinen größten Bucherfolg anknüpfen konnte. »Once were Warriors« gehört zu den großen Werken der neuseeländischen Literatur, weil das Buch von einem radikalen und wortmächtigen Insider stammt. Wer sonst hätte die literarische Keule so prägnant auspacken können in einem bis zu diesem Zeitpunkt (1990) sehr schweigsamen Land? Heute bekämpft Alan Duff die seiner Meinung nach immer noch vorhandene Ungerechtigkeit des neuseeländischen Bildungssystems. Mit seinem Bücherhilfsprogramm »Books in Homes« engagiert er sich für die Kinder seines Landes.

Witi Ihimaera

Als der neuseeländische Autor Witi Ihimaera als Diplomat in New York arbeitete, sah er 1985 einen Wal den Hudson River hinaufschwimmen, was ihn an eine alte Māori-Sage erinnerte. Einer seiner Vorfahren, so die Legende, soll schließlich aus der alten Heimat Hawaiki auf dem Rücken eines Wals nach Neuseeland gekommen sein. Im Anschluss an diese eindrückliche Episode in New York schrieb Witi Ihimaera sein Buch »The Whale Rider« in nur drei Wochen.

Das Buch selbst verstaubte lange in den Regalen der neuseeländischen Buchhändler, wurde aber nach dem gleichnamigen Film ein großer Erfolg. Witi Ihimaera wurde über Nacht berühmt. Er war der erste Māori, dessen Short Storys in Neuseeland veröffentlicht wurden, und gilt heute als wohl bedeutendster Māori-Autor des Landes.

Das Buch, aber auch die Verfilmung von »Whale Rider« gelten als Klassiker der neuseeländischen Kunst. Witi Ihimaera, der seinen Töchtern Geschichten erzählte, damit sie starke Frauen werden, greift in seinem Roman ein Thema auf, das lange Zeit die Diskrepanz zwischen den Traditionen der Māori und der Moderne widerspiegelte. Wie kann eine Tradition, die über Jahrhunderte hinweg vorsah, bestimmte Auszeichnungen nur vom Vater auf den Sohn weiterzugeben, in einer Gesellschaft fortbestehen, die sich die Gleichheit von Mann und Frau bereits früh in die Verfassung geschrieben hat? Die sehr anrührende Geschichte, in der es einem Mädchen namens Pai gelingt, ihren Großvater durch Geduld, Ausdauer und Mut davon zu überzeugen, dass sie seine auserwählte Nachfolgerin ist, hat insbesondere bei vielen Māori kulturell einiges in Bewegung gebracht. Neuseeländische Musiker, Schriftsteller und andere Künstler haben die Frage, inwieweit die Gleichheit zwischen den Geschlechtern Wirklichkeit oder nur ein Lippenbekenntnis ist, mittlerweile in zahlreichen Werken thematisiert.

Neuseeländische Literatur heute

Durch zahlreiche neue Übersetzungen ins Deutsche bietet sich für Leserinnen und Leser die Möglichkeit, die Vielfalt der klassischen und der aktuellen neuseeländischen Literatur zu entdecken. Ihnen besonders ans Herz legen möchte ich alle Romane von Anthony McCarten, von »Superhero«

über »Der englische Harem« bis hin zu »Ganz normale Helden«. McCarten wird aus gutem Grund als aufregendster literarischer Export Neuseelands gefeiert, denn seine unterhaltsamen Bücher bieten tiefe Einblicke in die »klassenlose Gesellschaft« quer durch das gesamte Spektrum des sozialen Milieus. Obendrein sind sie mit jener Prise trockenen neuseeländischen Humors gewürzt, der dort *deadpan* genannt wird und vielleicht nur von jemandem so wundervoll dosiert werden kann, der selbst in einem Haushalt mit sieben Kindern aufgewachsen ist wie eben Anthony McCarten.

Es fällt auf, dass neben den bekannten Klassikern wie Katherine Mansfield (»Rosabels Tagtraum«), Keri Hulme (»Unter dem Tagmond«), der Māori-Autorin Patricia Grace (»Potiki«) sowie der einst für den Nobelpreis vorgeschlagenen literarisch unnachahmlichen und bezaubernd rotschöpfigen Janet Frame (»Der Engel an meiner Tafel«) die moderne neuseeländische Literatur sehr stark von Frauen repräsentiert wird. Neben der in Berlin lebenden Autorin Sarah Quigley (»Der Dirigent«) und Paula Morris, die in ihrem sehr interessanten und amüsanten Buch »Rangatira« die wahre Geschichte des Māori-Häuptlings Paratene erzählt, der Mitte des 19. Jahrhunderts nach London reist, möchte ich ganz besonders auf ein Buch meiner Lieblingsautorin Kate de Goldi verweisen. Die mehrfach ausgezeichnete Autorin aus Wellington schreibt Jugendbücher und versprüht in »Abends um 10« so viel Charme und Wärme, dass man die Geschichte um den sorgenvollen Jungen Frankie, seine Katze namens Fettkontrolle und die rastalockige, fröhliche Sydney gar nicht mehr aus der Hand legen möchte. Ein Buch für laue Sommernächte, vor allem aber ein warmes Buch für lange, dunkle europäische Winterabende, an denen man durchaus davon träumen könnte, wie es wäre, einen Freund oder eine Freundin auf der anderen Seite der Weltkugel zu haben.

Bereits erschienen:

Gebrauchsanweisung für ...

Alaska
von Dirk Rohrbach

die Alpen
von Bene Benedikt

Amerika
von Paul Watzlawick

Amsterdam
von Siggi Weidemann

Andalusien
von Paul Ingendaay

Argentinien
von Christian Thiele

Australien
von Joscha Remus

das Baltikum
von Sabine Herre

Barcelona
von Merten Worthmann

Bayern
von Bruno Jonas

Berlin
von Jakob Hein

Brasilien
von Peter Burghardt

die Bretagne
von Jochen Schmidt

Brüssel und Flandern
von Siggi Weidemann

Budapest und Ungarn
von Viktor Iro

Burgenland
von Andreas Weinek und Martin Weinek

Burma / Myanmar
von Martin Schacht

China
von Kai Strittmatter

Deutschland
von Wolfgang Koydl

Dresden
von Christine von Brühl

Dubai und die Emirate
von Felicia Englmann

Düsseldorf
von Harald Hordych

die Eifel
von Jacques Berndorf

England
von Heinz Ohff

Finnland
von Roman Schatz

Frankfurt am Main
von Constanze Kleis

Frankreich
von Johannes Willms

den Gardasee
von Rainer Stephan

Griechenland
von Martin Pristl

Hamburg
von Stefan Beuse

den Harz
von Jana Thiele

Indien
von Ilija Trojanow

Irland
von Ralf Sotscheck

Island
von Kristof Magnusson

01/0004/14/L